# ANATOMIA DE UMA
# VIDA SECRETA

# ANATOMIA DE UMA VIDA SECRETA

*Descubra aqui: pessoas com uma vida oculta são mais comuns do que se imagina*

Gail Saltz

TRADUÇÃO:
Sonia Augusto

Editora Gente

**Editora**
Rosely M. Boschini

**Assistente editorial**
Rosângela Barbosa

**Capa**
Guilherme Xavier

**Projeto gráfico**
Neide Siqueira

**Tradução**
Sonia Augusto

**Preparação**
Márcia Abreu

**Revisão**
Denise Ceron

**Diagramação**
Join Bureau

Título original: *Anatomy of a secret life*

Tradução publicada por acordo com Morgan Road Books/
Broadway Books, uma divisão da Random House, Inc.

Rua Pedro Soares de Almeida, 114
São Paulo, SP - CEP 05029-030
Telefone: (11) 3670-2500
Site: http://www.editoragente.com.br
E-mail: gente@editoragente.com.br

**Dados Internacionais de Catalogação na Publicação (CIP)**
**(Câmara Brasileira do Livro, SP, Brasil)**

Saltz, Gail
Anatomia de uma vida secreta : descubra aqui : pessoas com uma vida oculta são mais comuns do que se imagina / Gail Saltz ; [tradução Sonia Augusto]. — São Paulo : Editora Gente, 2007.

Título original : Anatomy of a secret life.
Bibliografia.
ISBN 978-85-7312-537-5

1. Comportamento humano — Aspectos psicológicos 2. Segredos — Aspectos psicológicos I. Título.

07-0667 CDD-155.92

**Índices para catálogo sistemático:**

1. Vidas secretas : Psicologia 155.92

# Nota da Autora

Nos últimos treze anos, atendi muitos pacientes em meu consultório, além de interagir com outras pessoas por intermédio de meu trabalho nos meios de comunicação. Utilizei as histórias que conheci nesse trabalho para criar os exemplos de experiências que descrevo neste livro. Cada uma dessas histórias é composta de diversos casos reais. Inventei todos os nomes e dados de identificação usados nas histórias. Qualquer semelhança que possa haver com pessoas vivas ou mortas é mera coincidência, não intencional.

Para Lenny, com quem compartilho
meus segredos e meu amor.

É uma alegria estar escondido,
mas é um desastre não ser encontrado.

—D. W. Winnicott

# SUMÁRIO

# SUMÁRIO

# AGRADECIMENTOS

Agradeço a meu marido, Len, e a minhas filhas, Emily, Kimberly e Tori, que são minha inspiração, meu teste de realidade e minha maior alegria. Lenny, sem seu apoio, incentivo e orgulho pelo que faço, não teria conseguido tudo isso. Você me surpreende a cada dia com sua força, paciência, empatia e capacidade de nos dar tanto amor. Agradeço a nossas maravilhosas filhas, que são tão inteligentes, divertidas e carinhosas. Agradeço, sobretudo, por terem agüentado os momentos em que eu trabalhava neste livro. Sou uma mãe de sorte!

Um agradecimento especial a Marly Rusoff, que nunca deixa de me surpreender com sua energia, criatividade, calor humano, humor e capacidade de perceber exatamente o que é preciso. Você fez com que este fosse um livro melhor. Obrigada a Sandi Mendelson, que me orientou de maneira inteligente com sua experiência.

Quero agradecer a minha editora, Amy Hertz, por sua visão, suas críticas construtivas e acréscimos, que aperfeiçoaram este livro. Agradeço também a Marc Haeringer por seus *insights* ponderados e sua atenção cuidadosa, que também melhoraram muito este livro. Obrigada a Nate Brown por lidar eficientemente com todo tipo de situação de um modo gentil e educado. Muitíssimo obrigada a toda a equipe da Doubleday Broadway e da Morgan Road Books por seu grande entusiasmo e apoio a este projeto.

O mais importante ficou para o fim: obrigada a todos os pacientes e a todas as pessoas que me contataram em meu consultório e por *e-mail*, carta ou telefone, para compartilhar seus segredos comigo, na esperança de entenderem os segredos que ocultavam de si mesmos. Obrigada por confiarem em mim como sua guia na estrada do autoconhecimento.

# 1

# A Vida Secreta

*Quem conhece o mal que espreita no coração dos homens?*
—O Sombra (1930-54)

Uma mulher na sala de espera de um consultório médico fala ininterruptamente sobre o tempo, sem perceber que ninguém a escuta. Talvez ela seja uma tagarela. Ou talvez seja uma paciente terminal.

Um homem na fila do banco franze a testa. Talvez sua conta esteja no vermelho. Ou talvez, quando chegar em casa, vá dizer à esposa que não a ama mais.

Uma criança, que brinca no balanço da pracinha, usa mangas longas, embora seja verão e faça muito calor. Talvez a mãe seja superprotetora. Ou talvez a mãe a espanque e seus braços estejam cobertos de hematomas.

O marido, na cama, vira o rosto para você. Ele pode estar pensando em você. Ou talvez pense em sua melhor amiga.

O homem na esteira ao lado da sua na academia corre o mais depressa que pode, com seu MP-3 no volume máximo. Talvez ele não esteja conseguindo perder aqueles últimos 2 quilos. Ou talvez não consiga livrar-se da imagem daquela mulher que encontrou no bar, nem deixar de ouvir os gritos dela.

E você: talvez conheça seu segredo. Talvez não.

Todos nós temos segredos; nós os vivemos e os respiramos todos os dias. Podemos não conhecer os segredos dos outros, mas sabemos que estão *sempre* lá, presenças invisíveis na vida de cada um, o texto nas entrelinhas, a sentença quase proferida, mas contida, a expressão misteriosa e fugidia no rosto de alguém.

As necessidades básicas do ser humano são alimento, água e abrigo, mas os segredos não estão muito longe dessa lista. Eles nos proporcionam um porto seguro que nos dá a liberdade para explorar quem somos, para estabelecer uma identidade apenas nossa. Mas mesmo os segredos mais profundos podem ser compartilhados; eles são a moeda corrente dos relacionamentos íntimos, a moeda da exclusividade e, algumas vezes, a chave para o amor.

Em algumas circunstâncias, contudo, os segredos também podem ser fontes profundas de vergonha, culpa, ansiedade e desespero. Embora sempre nos mostremos surpresos quando descobrimos algum comportamento escuso ou predileções e hábitos estranhos de amigos ou de figuras públicas, na verdade não ficamos nem um pouco surpresos. Crescemos esperando que esse tipo de comportamento surja de vez em quando, que traços incomuns de personalidade sejam revelados. E esperamos isso não só porque vimos acontecer com amigos ou figuras públicas (e vimos mesmo), mas porque *nós* sabemos que também temos esse tipo de comportamento e possuímos traços, hábitos e interesses ocultos que seriam considerados estranhos por outras pessoas.

Os segredos podem fazer com que as pessoas comportem-se de maneiras que parecem inteiramente fora de propósito – que se esforcem ao máximo para ocultar o que simplesmente *tem de* ficar escondido, a todo custo. Eles exigem tanta vigilância, atenção e tempo que começam a dominar toda a vida e, na verdade, *transformam-se* na vida daquela pessoa. Tudo que não se relaciona ao segredo é visto como secundário e irrelevante e é deixado de lado. Um certo medo – às vezes, quase uma paranóia – surge diante do mero pensamento de que o segredo possa ser revelado. *E se alguém descobrir que roubei aquele dinheiro? E se meu chefe ler o meu* blog *e perceber que não sou apenas uma babá comum, que tenho uma vida sexual ativa e que tomei* ecstasy*? E se minha melhor amiga descobrir que odeio o marido dela? E se meu eu mais íntimo for revelado? Então tudo estará perdido.* A possibilidade da descoberta é reprisada muitas e muitas vezes como um filme em um *replay* doentio.

Muitas vidas secretas permanecem confidenciais por um tempo surpreendentemente longo. Relacionamentos são mantidos ocultos por pura ingenuidade e atos sombrios mantêm-se em escuridão perpétua. O assassino em série aprende a viver tendo o segredo como seu companheiro constante; o mesmo acontece com o enamorado ilícito, com o sonegador de impostos ou o ladrão. O equilíbrio de poder entre o segredo e seu guardião é negociado constantemente. Se podemos controlar nossos segredos, assegurando-nos de que ocupem o lugar que lhes destinamos, nossa vida parece administrável. Mas, quando eles começam a *nos* controlar – e muitas vezes o fazem –, uma vida normal transforma-se em algo diferente: uma vida secreta.

Tudo muda quando isso acontece. Repentinamente nos vemos forçados a abandonar qualquer vestígio de abertura e improviso e a nos submeter o tempo todo às regras exatas inevitavelmente exigidas por uma vida secreta.

Somos forçados a nos submeter dessa maneira porque os segredos que guardamos contam apenas metade da história. A outra metade é composta dos segredos que guardamos *de nós mesmos*. Estes são os que foram ocultos há tempos, muitas vezes desde a primeira infância. São os que simplesmente não queremos reconhecer, pois ficaríamos demasiado envergonhados ou enraivecidos se fôssemos forçados a confrontá-los. Relances desses sentimentos às vezes vêm à tona sem que compreendamos o porquê: podemos reagir exageradamente a acontecimentos triviais, ou ter uma resposta intensa diante de uma pessoa específica, ou ficar perturbados por um sonho sem entender o motivo. Nesses momentos, penetramos no território cercado dos segredos ocultos do eu e, às vezes, mesmo sem perceber que isso ocorreu, sabemos o suficiente para reforçar ainda mais a segurança.

Mas, sem acessar esses segredos interiores, não podemos realmente nos conhecer. Em vez disso, vivemos em um estado de incerteza contínua, ignorando as razões que estão por trás de nossas ações e percepções.

Nos próximos capítulos, abordo o conceito básico de segredo – que é intrínseco a todos nós, mesmo que sutilmente – e o amplio para que possa ser reconhecido como a força potente, dramática e que molda a vida, como o segredo realmente é. Algumas das histórias mostram as formas pelas quais a vida das pessoas foi destruída por causa dos segredos que guardaram. Outras histórias contam vidas que floresceram por causa das camadas de complexidade e riqueza que os segredos lhes proporcionaram. Algumas vezes, guardar um segredo é uma questão de opção ou mesmo um luxo; outras, tem conseqüências de vida ou morte.

Algumas personagens que aqui guardam segredos foram compostas com base em pessoas que atendi em meu consultório como psicanalista. As circunstâncias podem parecer extraordinárias, mas elas surgem das complicações comuns da vida diária. Eu as escolhi exatamente porque são representativas. Talvez você até se reconheça nelas.

Outras histórias vêm da História: um herói mundialmente famoso que, no auge de sua fama, foi pai de muitas crianças com diversas mulheres; um compositor de renome internacional cujas predileções sexuais podem tê-lo levado a cometer suicídio; uma amada figura militar que só conseguia encontrar prazer se fosse chicoteado. Se essas descrições parecem muito distantes de sua vida, isso é proposital: algumas vidas foram escolhidas por sua dimensão dramática, que torna mais fácil perceber não só os modos como os que guardaram segredos específicos agiram, mas as formas de agir de todos os que têm segredos. E isso inclui cada um de nós.

"Conhece-te a ti mesmo", ordenou Sócrates, enquanto uma máxima mais moderna insiste: "Ignorância é felicidade". Os dois provérbios, citados com freqüência, têm mensagens opostas. Algumas pessoas levam a vida segundo um, outras segundo o outro. Mas a maioria, em momentos diferentes da vida e de modos diversos, segue a ambos. Tenta permanecer tão aberta e honesta quanto possível, mantendo alguns detalhes vagos, indistintos e ocultos de determinadas pessoas, enquanto esconde outros detalhes de todos, até de si mesma.

Segredos: não podemos viver com eles, mas não podemos passar sem eles. Estão conosco em todos os momentos, rodeando-nos, provocando problemas, gerando entusiasmo, forçando-nos a permanecer vigilantes. *Todos* sabemos algo que os outros não sabem, que adoraríamos falar, mas simplesmente não podemos. Os segredos são como uma longa inspiração que não pode ser solta e talvez nunca seja. São enlouquecedores, empolgantes, perigosos. Os segredos rotineiramente se cruzam no ar e depois se dispersam, sem ser expressos. E, a cada dia, os que guardam segredos continuam fazendo o que sempre fizeram: vivendo uma vida e depois vivendo outra.

# 2

# A Vida Secreta da Mente

*Eu sou Chevy Chase, e você não é.*
—Saturday Night Live (1975)

A solidão foi a primeira coisa que a levou ao computador. Depois, a empolgação. Adriana sempre terminava as tarefas da escola, dava um beijo de boa noite na mãe (o pai geralmente estava viajando) e subia para seu quarto, onde se sentava diante do brilho azul do monitor, levando uma vida imaginária que era muito mais interessante e gratificante do que aquela oferecida por sua realidade.

Os primeiros anos de escola foram fáceis e agradáveis, rodeada por amigos. Mas, depois da sexta série, a linha entre popular e impopular começou a ficar mais marcada, e Adriana descobriu que sempre acabava do lado errado. Não que se importasse. Sempre podia ficar com as outras garotas do mesmo grupo e fazer de conta que nenhuma delas incomodava-se por ela ser impopular. Mas as mais populares tornaram-se cruéis. Não importava como Adriana se vestia, o que dizia ou fazia. As garotas populares a espancavam com palavras maldosas e faziam pouco de suas tentativas desajeitadas para se enquadrar. Como escreveu no diário, Adriana tentava acreditar que a estavam apenas usando como bode expiatório e que não devia levar essas palavras para o lado pessoal, mas mesmo assim acreditava no que as meninas malvadas diziam. Ela era feia – escreveu no diário –, gorda, burra, uma completa fracassada. Bem que ela podia morrer agora. Até mesmo *Carrie, A Estranha,* de Stephen King, era melhor que ela. Então, Adriana, uma garota de olhos carentes e profundos com um modo desajeitado de percorrer os traiçoeiros corredores da escola, retraiu-se.

A internet ajudou-a a fazer isso e lhe ofereceu um caminho alternativo que ela podia percorrer com facilidade, onde ninguém murmuraria nomes cruéis quando ela passasse, nem estenderia a perna "sem querer" para que tropeçasse e caísse. Adriana começou a entrar em salas de bate-papo todas as noites e, embora na vida diária fosse uma pária, ali ela era popular. Diferentes pessoas anônimas conversavam com ela, tanto homens quanto mulheres, em tom amigável, divertido e, às vezes, de paquera. Seu pseudônimo era Exotika, um nome que havia surgido do nada em sua mente, o que lhe parecia engraçado, porque, aos 15 anos, com um nariz avantajado, um rosto coberto de acne e gestos desajeitados, estava longe de ser exótica. Mas ninguém que estava *on-line* precisava saber disso.

Certa noite, ela começou a conversar com um rapaz que se chamava chai83. Ele morava em um bairro de classe média alta em Nova Jérsei, apenas a uma hora e meia da casa dela, em Long Island. "E ae Exotika,", escreveu ele. "Como é q tá por ae?". Adriana respondeu: "Ah, a Exotika tá entediada hj. Fala algu di interessante ae". As palavras dela eram alegres e provocantes; ela nunca havia falado assim com ninguém. Mas enquanto Exotika conversava noite adentro, muito depois de sua mãe ter ido para a cama, ela começou a se abrir para chai83. Ficou se equilibrando entre seu eu verdadeiro, Adriana, e o novo, Exotika, misturando detalhes reais (tinha cabelo castanho-acinzentado e olhos castanho-escuros) com detalhes inventados (tinha 18 anos e trabalhava como *barwoman* em um bar da moda em Manhattan).

Embora desse informações reais e falsas, ela nunca imaginou que a história de chai83 pudesse não ser totalmente verdadeira. Ele disse que tinha 22 anos, cabelos negros e olhos azul-escuros, e era um ator em início de carreira que ganhava a vida como garçom. Durante a longa conversa, compartilharam histórias e desejos, usando uma linguagem bastante sugestiva. Isso continuou a acontecer durante algumas semanas. Adriana importava-se menos com as meninas malvadas da escola e os comentários cáusticos que faziam não a afetavam. Não prestava mais atenção às aulas e começou a ir mal nas provas. Em um determinado ponto, Adriana parou de fazer as tarefas e, ao chegar em casa, simplesmente ligava o computador, pois chai83 já a esperava. Para um ator que trabalhava durante o dia e fazia muitos testes, ele tinha tempo demais para ficar na internet.

Então, uma noite, chai83 disse que queria "leva a amizade prum otro nível", e pediu que Exotika fosse encontrá-lo no estacionamento do *shopping* da cidade onde morava. Ela hesitou, mas acabou concordando. "Como eh q vo t reconhece?", ele perguntou. "Eh soh procura uma moça exótica,", respondeu ela.

Três dias depois de o corpo de Adriana ter sido encontrado em um pântano em Nova Jérsei, a mãe dela, desesperada, dizia para o policial que viera a sua casa que sua filha era uma garota estudiosa e nunca iria a um lugar perigoso nem faria algo estúpido. Quando o sargento perguntou se Adriana escondia algum segredo, a mãe fez que não com a cabeça, mas sem convicção.

É humano ter segredos. Encontrar uma identidade em um mundo particular é uma parte essencial do que significa ser um membro de nossa espécie. A capacidade de ter segredos é algo que dá origem a nossa sensação de ser alguém na primeira infância, e os segredos que mantemos e compartilhamos moldam nossos relacionamentos para o resto da vida. Assim, aqui está um curso breve de psicologia do desenvolvimento, no que diz respeito à arte complexa e muito humana de guardar segredos.

Houve uma época em que nenhum de nós ocultava algo. Nossa vida no aquário controlado do útero era tudo mãe, todo o tempo. Éramos um com essa mulher a quem nem tínhamos encontrado. Quando ela comia frango, nós também comíamos; quando tínhamos soluços, ela sentia tremor. Depois de sair do útero, tecnicamente tínhamos uma existência separada da de nossa mãe. Mas é claro que o bebê não é menos dependente do que era antes de nascer; em alguns aspectos é até *mais* dependente. O conforto e o sustento que vinham sem esforço enquanto flutuava no útero agora o exigiam sugar, colocar o polegar na boca, soltar um grito por causa de cólica.

Por meio desses pequenos esforços, a criança começa a distinguir-se como uma entidade separada no mundo. Passam-se meses. A independência aumenta. A criança descobre que o jogo de esconde-esconde é uma fonte de eterno fascínio: uma pessoa pode desaparecer e reaparecer! Que interessante! Logo a criança dá um salto intelectual: as pessoas não desaparecem, só não podem ser vistas. Mamãe foi embora, mas logo vai voltar – mamãe, que antes era "eu".

A criança segura-se nos móveis e desbrava a grande floresta da sala de estar. Ela se solta e dá os primeiros passos sozinha. O balbuciar transforma-se em sílabas que são entendidas pelos adultos. Ao redor de 15 ou 18 meses, a criança reconhece-se em espelhos ou fotos. Aos 2 anos, a criança aprende que *é*, na verdade, menino ou menina. E nesse momento, depois de meses dizendo apenas sim – sim para o seio, sim para uma colher de purê de frutas, sim para a mamãe, para a mobilidade e para a fala –, aprende a dizer não.

*Não* é uma palavra que sai com enorme poder. Qualquer pai que já tenha passado pela fase do não sabe como essa palavra tem um poder inebriante, pois, em um único instante de transformação, as crianças começam a compreender que possuem um certo grau de controle sobre o mundo externo.

Agora é assim que a criança aprende a ver o mundo: interno, externo. Começa a surgir uma distinção no entendimento dela sobre sua relação com o ambiente imediato – uma divisão mundo interno/mundo externo que alguns psicólogos chamam de limite corporal. De um lado está o corpo da criança e suas partes funcionais. Do outro lado está tudo o mais no mundo que *não* esteja ligado ao corpo. Não há como exagerar a importância desse reconhecimento da separação física.

Ainda assim, esse é só o primeiro passo. O próximo é mais complicado. Pode ser um pouco mais difícil identificar exatamente *quando* acontece para cada criança, mas é ainda mais difícil dizer exatamente *o que* acontece. Essa nova transformação é psicológica e sempre profunda.

É o nascimento do eu secreto.

## A VIDA SECRETA DA CRIANÇA

Por mais de um século, os estudiosos do comportamento humano observaram que as crianças geralmente aprendem o conceito de segredo ao redor dos 4 anos. Até esse estágio, elas acreditam (sem se dar conta) que seus pais sabem tudo sobre elas – e estão certas: os pais sabem *muito*. Mesmo quando as crianças aprendem a dizer não, ainda não têm motivos para pensar que os pais não têm os mesmos pensamentos e sonhos que elas – a mesma vida interna. Mas, conforme aprendem a exercer mais controle sobre o mundo externo ("Não! Não! Não!"), começam a perceber que sabem algumas coisas sobre si mesmas que seus pais não sabem. E, no sentido mais amplo, algo que alguém conhece e *ninguém mais* sabe é, por definição, um segredo.

Esse é o início do limite do eu – o reconhecimento de não ter apenas uma individualidade física, mas uma identidade pessoal. Do ponto de vista psicanalítico, não é mera coincidência que o entendimento do segredo e os primeiros impulsos de curiosidade sobre a sexualidade ocorram simultaneamente. Nessa época, a criança não só descobriu seu pênis ou sua vagina – esses brinquedos embutidos que são tão interessantes quanto os de qualquer loja de brinquedos –, mas também qual dos pais tem cada um deles. Mas, se a criança só fizesse a distinção física, a descoberta de sua sexualidade seria apenas uma extensão do conceito de limite corporal. No entanto, ela também *pensa* sobre a diferença.

Cada criança tem pensamentos únicos, mas o processo lógico geral nesse estágio do desenvolvimento é o mesmo para todas.

Se ela tem uma identidade separada de seus pais, os pais devem ter uma identidade separada da criança. E, se ter uma identidade separada equivale a ter segredos, os pais devem ter segredos também. E, se o componente que define a vida secreta da criança são seus órgãos genitais, a vida secreta dos pais deve incluir os genitais também.

A criança não precisa abrir a porta do quarto e pegar mamãe e papai "no ato". É claro que, às vezes, as crianças irrompem em meio ao que Freud chamou de cena primal. Mas, mesmo que não o façam, têm todas as razões para suspeitar que algo acontece entre mamãe e papai e isso nem precisa ser abertamente sexual. É óbvio que os pais têm um vínculo que não inclui a criança ou, mais ainda, *exclui* a criança. "Isso é coisa de adultos" é a resposta-padrão para não se responder à curiosidade infantil sobre alguns assuntos. "Você não tem idade para entender."

*Mas um dia você terá.* Essa é a promessa contida nessas respostas. *Um dia você irá descobrir como é o mundo.*

E assim as crianças desejam conquistar o mundo. Quando começam a separar-se dos pais, elas desenvolvem relações na pracinha e na escola. Os segredos não são o único meio pelo qual a criança percorre essas áreas, mas essa é, sem dúvida, a idade em que ela descobre que a manipulação de informações traz poder. Um modo de usar as informações em vantagem própria é mentir e aos 5 anos de idade a maioria das crianças adota esse comportamento. Mas as mentiras têm um custo e provocam mágoas, punição e culpa. É muito mais simples esconder e utilizar as informações como se fossem um pacote de figurinhas – realizar tráfico de segredos.

Segredos não são o mesmo que fantasias. Nessa idade, as crianças passam boa parte de seu tempo desperto vivendo em um mundo imaginário. Elas incorporam um personagem e brincam de médico e de ninja. Seus bichos de pelúcia passam por aventuras elaboradas. Seus amigos invisíveis vêm visitá-las. Mas as fantasias são mundos paralelos, não vidas secretas. Pergunte a uma criança como vai seu amigo imaginário, que mora muito distante, e ela lhe dirá. Mas ela não irá lhe contar o que conversou com ele quando veio visitá-la – e *isso* é um segredo.

No início, os segredos que as crianças escondem sobre os amigos são benignos e até mesmo "agradáveis e positivos", como descobriram os autores de um estudo sobre os segredos infantis. Não é de surpreender que o conteúdo dos primeiros segredos esteja ligado a posses, pois as crianças pequenas acabaram de reconhecer o limite corporal e de aprender o que significa "meu". Algumas vezes a criança possui secretamente um objeto físico: um novo animal de estimação, uma barra de chocolate, uma casa na árvore. Às vezes, ela possui informações. A criança quer dar um presente-surpresa de aniversário a seu melhor amigo? Seus pais lhe disseram para não contar a ninguém que a mamãe vai ter um bebê?

Contudo, conforme a criança cresce, os motivos para guardar segredos e, portanto, o conteúdo dos segredos, passam por mudanças que refletem o desenvolvimento emocional. Por meio de um estudo descobriu-se que crianças de terceira e quinta séries tinham sete vezes mais probabilidade de guardar segredos sobre posses que crianças de sétima série. O principal motivo que levava as crianças de sétima série a guardar ou a compartilhar um segredo estava ligado a um senso de vergonha – uma categoria que incluía a amizade ou o desejo de amizade com um membro do sexo oposto. Os autores do estudo resumiram a diferença entre os dois grupos etários como uma mudança da preocupação com a posse das coisas para a preocupação com as relações interpessoais e a atenção às demandas sociais.

Podemos dizer que a criança está crescendo. Por meio da manipulação de segredos, a criança começa tanto a construir uma identidade separada da de seus pais como a negociar uma identidade na sociedade. A questão que se propõe para a criança só pode ser: Até onde posso ir?

## A VIDA SECRETA DO ADOLESCENTE

A adolescência, como todos os pais de adolescentes podem confirmar, é a hora de testar os limites. Essa idéia assume um novo significado se os limites que estiverem sendo testados forem os mencionados nas páginas anteriores: o limite corporal e o limite do eu.

O limite corporal é, com certeza, bastante importante para os adolescentes. Por cerca de uma década, o corpo do adolescente esteve separado do resto do mundo. Mas, de repente, o corpo começou a enviar uma mensagem aparentemente oposta, que carrega uma urgência hormonal: encontre um corpo amigo.

Como é muitas vezes o caso, o que está acontecendo externamente, fisicamente, é uma indicação daquilo que está acontecendo internamente, psicologicamente. Nesse ponto, os adolescentes esforçam-se por estabelecer uma identidade que os separe dos pais, de uma vez por todas. Se pudessem, eles pendurariam um aviso de NÃO PERTURBE em seu limite do eu, como fazem na porta do quarto.

Do ponto de vista dos pais, o impulso final da criança para a independência pode ser aterrorizante, mesmo que tenham conseguido manter em mente que isso não só é normal, mas é necessário. E é mesmo. É saudável que uma criança estabeleça uma identidade separada, que realize o rompimento final. De algum modo, esse passo é o objetivo de ser pai ou mãe: criar uma pessoa independente. Idealmente, o resultado seria tanto recompensador quanto inevitável. Mas ainda assim, para a maioria dos pais, a sensação é a mesma que se tem ao perder um membro porque, em um nível psicológico, é o que acontece. Uma parte deles está assumindo vida própria.

Nesse ponto, o processo já se desenrola há um bom tempo. Mas, mesmo que a criança tenha usado segredos para ocultar os detalhes de sua vida interior, os pais podiam confortar-se com o fato de que sabiam, se não tudo sobre a criança, pelo menos muita coisa, e certamente sabiam o que era melhor para ela. Na adolescência, no entanto, a mensagem que os filhos transmitem aos pais é exatamente a oposta: "Você não me conhece nem um pouco".

Isso é verdade, não completamente, mas em boa parte, especialmente conforme a rebelião aumenta. Os adolescentes têm sexo; alteram seus estados mentais, por meios químicos ou não;

escolhem uma religião diferente da religião da família; adotam uma atitude radicalmente diferente na vida cotidiana; vestem-se com roupas que seus pais jamais aprovariam. Apaixonam-se por alguém que substitui a figura paterna, por alguém a quem podem confidenciar seus segredos.

A rebelião traz consigo o risco, um fator que os adolescentes nem sempre conseguem reconhecer. Eles ainda *não têm* o equipamento fisiológico necessário para fazer julgamentos embasados. A parte específica do cérebro que controla a razão, o lobo frontal, ainda está em desenvolvimento durante essa fase. É por isso que os adolescentes tendem a querer já aquilo que desejam, sem considerar as conseqüências que virão.

Sei algo a respeito, não só pela minha experiência como psicanalista, mas também por minha trajetória. Fui adolescente durante a moda dos radioamadores, nos anos 1970. Os rádios, naquele tempo, eram a versão das mensagens instantâneas pela internet. Era possível adotar um pseudônimo – um nome falso – e navegar pelas freqüências de rádio até encontrar outra voz humana. Meu pai instalou um rádio na garagem, e eu costumava sentar-me lá de noite e fazer exatamente o que meus pais sempre me haviam dito para não fazer, desde que me conheço por gente: falar com estranhos.

Para esses estranhos, eu era a "Doce Interlocutora". Em meio a manchas de óleo e ao cheiro de gasolina da garagem, por trás de uma porta que eu tomava o cuidado de trancar, podia me transformar da adolescente real em uma mulher adulta e sofisticada. Fazia tudo o que podia para dar a impressão do que imaginava ser um membro do mundo adulto. "Do mundo" era exatamente o que eu pensava durante as conversas anônimas com estranhos, como se estivesse sentada em um bar enfumaçado com uma bebida a minha frente, rindo e conversando tranqüilamente com os homens.

A experiência era emocionante e estimulante. Ou pelo menos foi, até a noite em que um caminhoneiro começou a perguntar insistentemente onde eu morava. Contei perto de qual cidade grande eu estava; ele me pressionou um pouco mais, e eu lhe disse o nome do bairro; aí ele me pressionou mais ainda porque estava nas vizinhanças. Será que ele não podia passar na minha casa?

Fiquei sentada ali, diante do console do rádio, olhando para o microfone e para o fio, que era o cordão umbilical de minha identidade secreta. Tinha ido até esse ponto – não só nessa conversa e não só em meu papel de "Doce Interlocutora", mas na minha nova vida. Criar essa versão secreta de mim mesma foi importante para mim: parecia urgente e necessário. Não era mais a menininha dos meus pais. E, embora ainda não fosse adulta, estava encaminhada. Tendo chegado até aqui, como poderia voltar atrás?

## A VIDA SECRETA DO ADULTO

Quando o adolescente passa pelo teste das águas adultas – com ou sem perigo – e entra na vida adulta, os segredos continuam a exercer uma influência social vital. Ocultar informações particulares continua a ser um modo importante de manter a separação; assim como revelá-las continua a ser um modo importante de criar intimidade. A diferença na vida adulta, contudo, é o que se revela ou se oculta: a identidade que o adulto passou a vida toda criando.

A própria informação pode fazer com que a decisão de ocultar ou revelar seja tão importante. Quanto maior o segredo, maior o conflito: maior será o desejo de revelá-lo *e* maior será o medo da exposição. O que acontece quando você diz a si mesmo para manter um pensamento em segredo é parecido com o que acontece quando alguém lhe diz para não pensar em elefantes brancos: você acaba pensando em elefantes brancos. E, quanto mais se esforça para não pensar em elefantes brancos, mais você pensa neles. Isso é suficiente para criar um círculo vicioso: você se esforça mais para não pensar e acaba pensando cada vez mais. Para quem guarda um segredo, o conflito entre ocultar e revelar pode provocar tensão psicológica, urgência e estímulo, que não são muito diferentes da necessidade física de urinar, defecar ou atingir o orgasmo.

É exatamente por esse motivo que um velho adágio diz: "A confissão é boa para a alma". A catarse de revelar um segredo pode diminuir o estresse e até mesmo aliviar sintomas físicos como dores de cabeça e dores nas costas. Pode também trazer uma nova perspectiva, fazendo com que a pessoa que revela o segredo perceba que ele pode ter significados diferentes para pessoas diferentes.

Tanto para quem o revela quanto para quem o escuta não é apenas o significado – o conteúdo, a informação em si mesma – que dá importância a um segredo. É o próprio ato. Até mesmo a fofoca superficial tem uma mensagem: dentre todas as pessoas do mundo a quem eu podia passar esta informação, escolhi *você*.

Algumas vezes, essa mensagem enfatiza a natureza exclusiva do segredo. Do mesmo modo como guardá-lo, compartilhar a informação com um grupo pode ser um modo de manter a separação. Participar de uma sociedade secreta ou de um clube sofisticado é algo atraente exatamente porque é exclusivo. Senhas, apertos de mão, anéis e gestos: tudo isso é um modo de os membros dizerem: "Escolhi você, você e você – e juntos somos um grande *não-eles*".

Mas, algumas vezes, a ênfase está na natureza *inclusiva* do segredo. A abertura do eu interior de uma pessoa para outra –

um segredo – representa uma oferta para criar um novo "eu" em conjunto. É um convite à intimidade.

Como qualquer convite, pode ser recusado. Ir a um programa de televisão transmitido a todo o país e admitir ter uma queda homossexual por um amigo, como um entrevistado fez certa vez em um programa de entrevistas norte-americano, provavelmente nunca seria uma boa idéia, mas nesse caso o erro fatal (literalmente) do entrevistado foi escolher um "amigo" que depois assassinou o apaixonado confesso. Esse foi um caso extremo, mas a vida está cheia de exemplos potencialmente traumáticos. Quando uma filha revela à mãe que foi molestada por seu pai, pode ser ouvida com simpatia (e provocar raiva pelo pai), ou vice-versa, dependendo da mãe e do que esta está disposta a ouvir. Dizer a um novo namorado que já foi estuprada quando era adolescente pode provocar carinho e compreensão ou, ao contrário, rejeição. Revelar um problema médico como câncer em um formulário ao se candidatar a um emprego pode resultar (mesmo que ilegalmente) em não ser contratado e admitir ser HIV positivo pode provocar ostracismo social. A mãe que tenta falar a um padre sobre sua profunda dor pela morte de um filho não será ajudada se ouvir: "Deus tem Suas razões". Mais do que contribuir para o conforto de quem o revela, todas essas respostas negativas falam mais do desconforto ou dos preconceitos da pessoa a quem o segredo é revelado. Essas rejeições distorcem a situação ao ajudar o *confidente* a sentir-se melhor, e não o confessor. Pior ainda, podem também reforçar o baixo senso de auto-estima de uma pessoa já traumatizada.

Contudo, confiar em alguém diferente poderia levar a um outro resultado, que até influenciaria profundamente a vida. Em circunstâncias diferentes, essas confissões poderiam ter sido recebidas com simpatia, aceitação, perdão, compreensão. Poderiam ter ajudado a criar um novo eu, mais amplo e integrado, que seria mais forte que a identidade da pessoa que contou o segredo.

Um novo eu é a base de qualquer amizade. Ele surge da revelação mútua de segredos e cria uma paisagem em que os indivíduos podem permanecer intactos, livres de crítica ou ressentimento. Quando esse pacto falha, a amizade acaba. Mas, quando esse pacto não falha, a amizade floresce.

Quando você encontra alguém a quem pode confiar *todos* os segredos e que, por sua vez, pode confiar *todos* os segredos a você, então, pela primeira vez desde a primeira infância, há alguém que parece saber *tudo* a seu respeito. É a isso que chamamos amor.

## A VIDA SECRETA DA MENTE

Até agora, só um tipo de segredo foi mencionado: eu tenho uma informação que você não tem. Esse é o segredo consciente, aquele que voluntariamente decidimos ou não ocultar. Mas há outro tipo que faz parte da vida de todos: o segredo que, sem saber, ocultamos de nós mesmos.

Para distinguir entre os pensamentos que ocultamos involuntariamente de nós mesmos e aqueles que ocultamos voluntariamente dos outros, Freud adotou o termo *inconsciente*. Como os segredos conscientes, os segredos inconscientes podem estar ausentes, porém ativos. Eles também "querem" ser revelados. E de algum modo são. Eles se revelam por meio de lapsos, sonhos, piadas ditas inocentes. Mas também podem assumir formas mais perturbadoras: fantasias que parecem contrárias a nosso caráter, comportamentos que parecem bizarros e inexplicáveis.

Em si mesmas, as fantasias não são boas nem más. Elas não tornam boa nem má a pessoa que as tem. Só tornam essa pessoa humana, porque as fantasias surgem dos segredos e é humano ter segredos. As fantasias adultas são simplesmente variações das fantasias das crianças, quando elas brincam com bichos de pelúcia ou convidam o amigo invisível para um piquenique. Embora a aparência das fantasias adultas seja diferente da aparência das infantis, seu conteúdo subjacente é semelhante, porque os segredos subjacentes são os mesmos. Quem viu uma criança brincando com um bicho de pelúcia, jogando-o pela sala, rolando no carpete com ele ou deixando-o cair no "abismo" da borda de uma mesa, observou atos de agressão e de sublimação sexual. O importante não é o fato de a fantasia existir, mas o que fazemos com ela.

Pensem em mim adolescente, com o pseudônimo de "Doce Interlocutora", sentada na garagem diante do rádio. Agora, pensem em Adriana, a menina rejeitada que freqüentava salas de bate-papo na internet. Quando minha situação ficou intensa demais, deixei o rádio de lado e fui ao encontro de meus pais. Adriana, contudo, foi até um estacionamento, na chuva, para encontrar um homem chamado chai83, que tinha mesmo cabelo preto e olhos azuis, mas parecia muito mais velho do que dizia ser. Ele era um estranho; ele poderia ser qualquer pessoa. Segundo todos os relatos, ela era uma garota que tinha uma família carinhosa, havia sido criada por pais que lhe ensinaram a discernir o certo do errado e lhe falaram da importância de ter bom senso. Ela devia saber que ir até um local distante para encontrar um homem que só conhecia *on-line*, sem ter dito a ninguém aonde ia – nem a sua mãe, que não tinha a menor idéia, nem ao pai, que tinha boa intenção, mas estava distante, nem a suas poucas amigas, que não tinham experiências desse tipo e não entenderiam –, era uma coisa perigosa. Não havia como ela não ter percebido os riscos, mas foi mesmo assim, como se estivesse hipnotizada.

Por que eu soube o bastante para voltar atrás quando minha aventura no anonimato ficou intensa demais, enquanto Adriana não soube? Quais diferenças entre nós levaram-nos a caminhos tão diferentes quando a vida secreta chegou a um momento crucial? Nós duas certamente tínhamos um conflito entre o impulso para *fazer* algo e as inibições que nos diziam para não fazê-lo. Mas o desespero ajudou a empurrar Adriana para um risco muito grande e todo o senso de autoproteção desapareceu imediatamente.

Em sua vida, ela sentia que não era nada, que não tinha valor, era uma fracassada. Sua auto-estima era muito baixa e estava convencida de que nunca encontraria um lugar no mundo, que ninguém jamais a amaria. Como escreveu queixosamente no diário que os pais descobriram depois do assassinato, ela sentia que ninguém jamais *gostara* dela. Tinha algumas amigas, mas algo ruim e constrangedor acontecera na escola, no ano anterior, e ela não conseguira superar.

Certa manhã, depois da aula de Matemática, Adriana encontrou uma folha de papel dobrada dentro de sua agenda. Era um bilhete carinhoso, escrito por um garoto bonito, mas quieto, que se sentava perto dela na aula de Estudos Sociais. Ele queria saber se ela iria encontrá-lo no rinque de patinação no gelo na sexta à noite, às 20 horas. Ele escreveu que era muito tímido para convidá-la pessoalmente. Ela não precisava responder; só tinha de ir.

Adriana ficou assustada com o bilhete, mas também empolgada e na sexta-feira, depois do jantar, pegou os patins de gelo e a saia rosa que nunca tinha usado e foi para o rinque da cidade. O lugar estava cheio de adolescentes deslizando em grupos pelo gelo, a música era agitada. Adriana ficou na entrada do rinque, com sua saia e seus patins, procurando o garoto, mas ele não estava lá. Ela esperou um pouco, mas ele não foi.

No início, ela não entendeu o que havia acontecido. Depois de um tempo, teve certeza. Em um canto, olhando para ela e cochichando entre si, estavam as piores meninas da classe. Com uma sensação de enjôo, ela se deu conta de que as meninas haviam forjado o bilhete. Tinham armado uma cilada e agora estavam se divertindo com a própria piada maldosa.

Alguns dias depois dessa noite humilhante, Adriana começou a conversar com estranhos na internet. O modo de fazer com que as garotas populares parassem de ser tão más e lhe dessem atenção de um modo bom – ela escreveu no diário – era mostrar-lhes que era alguém; demonstrar que um homem adulto, um ator com cabelo preto e belos olhos azuis, gostava mesmo dela. Sua relação *on-line* com chai83 parecia ser a resposta. Esse relacionamento lhe dava a sensação de ser desejada, até mesmo amada. Ela havia ficado sozinha por tempo demais; havia tido uma vida de exclusão, mas agora talvez tudo fosse mudar. Além da tragédia de ser deixada de lado, Adriana provavelmente descobriu que a fantasia de estar com um rapaz mais velho, alguém que poderia ser chamado de "homem", também satisfazia uma necessidade profunda e essencial que existia desde que se dera conta de ser a filha de um pai simpático, porém distraído. Se Adriana tivesse contado a uma amiga sobre seus sentimentos de exclusão e de mágoa, e sobre seu desejo de fazer parte do mundo social da escola, talvez não tivesse canalizado seus sentimentos em uma via pouco saudável e muito perigosa, e talvez tivesse recusado o convite de chai83.

Adriana e meu eu adolescente foram guiados por forças diferentes e embora eu tenha conseguido deixar minha vida secreta antes que ela me tomasse, Adriana não o conseguiu. Em algum ponto crucial, sua vida secreta transformou-se na vida real e, então, finalmente, sua vida real foi interrompida abruptamente.

Os motivos pelos quais a vida secreta de alguém assume o primeiro plano diferem de pessoa para pessoa, de vida secreta para vida secreta, de desejo inconsciente para desejo inconsciente. Em todos os casos, a resposta está no conflito entre a necessidade de ocultar e a necessidade de revelar o segredo inconsciente. Na verdade, para ser mais exata, a resposta encontra-se na falta de resolução do conflito. Um segredo consciente pode gerar muita ansiedade em quem o guarda – e provavelmente gerou no caso de Adriana, que estava empolgada com seu relacionamento secreto, mas talvez também um pouco incomodada – e o mesmo acontece com um segredo inconsciente, que no caso de Adriana era: *Eu não tenho valor e preciso de um homem para reverter isso.* Se a ansiedade não encontrar uma válvula de escape saudável, tentará outros caminhos. Mas certamente *encontrará* uma saída, de uma forma ou de outra, e, no caso de um segredo inconsciente, a válvula de escape será a criação de uma vida secreta. No fim das contas, não se pode negar o elefante branco.

# 3

# A Vida Secreta de Todos

*Um espelho que mente*
*Um espelho que mente*
*Esse não posso ser eu, disfarçado de gorila.*
—Steve Goodman, "This Hotel Room"
[Neste quarto de hotel (canção alternativa, 1975]

Sílvio, um de meus pacientes, era vendedor de *software*, e seu trabalho o obrigava a viajar muito. Ele não se importava, embora sua esposa, Lisa, não ficasse nada animada com a freqüência de suas viagens. As crianças eram pequenas e, quando Sílvio estava ausente, Lisa tinha de cuidar de tudo. Ela contava a Sílvio, por telefone, tudo o que havia acontecido no dia e ele murmurava seu envolvimento e sua preocupação. Mas, realmente, ele se sentia distante não apenas fisicamente. A janela fechada do hotel em que estava mostrava as luzes de alguma cidade que não era a dele. De noite, todas as luzes pareciam iguais. A voz da esposa parecia baixinha em seu ouvido e as palavras que dizia pareciam um tanto genéricas. Ele ouvia sobre "as crianças", e "o projeto de Ciências", e "o rodízio de carros", mas passava para o piloto automático enquanto se esticava na cama *king-size* e fechava os olhos, mal ouvindo o que ela dizia. Seus pensamentos divagavam para longe dela, dos filhos e da casa, de tudo que lhe era familiar. Mas os pensamentos não tinham para onde ir. Ele não era um homem especialmente criativo ou de muita imaginação visual e muitas vezes se encontrava em um estado vazio e tedioso, que se parecia às paisagens marinhas penduradas na parede acima da cama.

Certa noite, por volta das 22 horas, percebeu que não estava com sono. O jantar servido no quarto foi o ponto alto da noite, mas isso fora havia horas e agora a mesa havia sido retirada, levando embora os prazeres passageiros de um caro filé com batata recheada. O uísque que tomara o deixou um pouco mole. Não tinha nada para fazer e não gostava disso.

Sílvio passou pelos canais da TV e pensou em comprar um videogame, mas desistiu. Se os filhos o vissem com um *joystick* na mão, iriam chamá-lo de hipócrita, porque sempre lhes dizia para desligar o aparelho e ler um livro. Quase nunca queriam ler. Ele também não gostava muito de ler e não queria fazer isso agora. Ficou vendo o noticiário por algum tempo – falavam algo sobre uma seca no sudoeste –, depois assistiu a um jogo de basquete universitário, que não o estava interessando nem um pouco e, finalmente, passou ao menu de filmes *pay-per-view*.

Uma das opções era "títulos adultos". Ele já havia visto aquilo em vários quartos de hotel, mas agora prestou mais atenção e pensou: "Por que não? Qual o problema?". Então, depois de trinta segundos, começou a assistir a um filme que mostrava duas mulheres grandes, loiras, fazendo sexo em um celeiro. Seus gemidos eram extravagantes e falsos, mas não importava; ele estava excitado. Era um homem. Lembrou-se de que os homens gostam desse tipo de coisa e entregou-se ao momento, com todos os truques teatrais e o falso lesbianismo que eram exibidos para um marido e pai de família quarentão, entediado, em um quarto de hotel.

De repente, Sílvio não estava mais entediado. O controle remoto caiu de sua mão. Sua boca abriu-se um pouco, como um peixe tentando respirar fora d'água; então ele abriu o cinto que Lisa havia lhe presenteado no aniversário. Ele mergulhou totalmente na pornografia que passava a sua frente, na tela de TV, a 4 mil quilômetros de casa. Tinha visto muita pornografia quando jovem, mas, por alguma razão, não se sentira tão excitado desde que era adolescente e conseguira ver os seios nus de Susana, sua colega de classe.

Quando o filme terminou, depois de atingir o orgasmo com muita rapidez e prazer, em sincronia com os orgasmos fabricados das mulheres na tela, Sílvio adormeceu. Acordou de manhã sentindo-se descansado e estranhamente feliz. Era como se algo incomum tivesse acontecido nessa viagem de trabalho, mas ele sabia que não podia contar à esposa. O que poderia dizer? "Lisa, adivinhe. Vi um filme pornográfico na noite passada e agora sei como vou me divertir quando estiver na estrada."

Ele não podia contar, não que ela fosse se importar, de qualquer modo. A maioria das mulheres aceitava o fato de que o cérebro masculino era diferente e respondia principalmente a estímulos visuais. Ele lera isso em uma revista havia pouco tempo. E convenientemente se lembrou desse fato quando passou outra noite em um quarto de hotel. Bem depressa, assistir a pornografia na TV passou a ser um hábito a que Sílvio voltava sempre que viajava. Mais que um hábito, na verdade. Durante o dia, enquanto conversava sobre *software* e fazia apresentações em PowerPoint em salas de conferência, ele ansiava pelas noites nos hotéis, em que até pouco tempo sentia-se solitário. Mesmo depois de voltar para casa, enquanto brincava com os filhos ou ajudava Lisa a fazer o jantar, ele se descobria pensando na próxima viagem e em seu novo ritual. Assim que entrava no quarto do hotel, ele examinava a programação de filmes e planejava sua noite. Jantava, tomava um drinque do frigobar, relaxava um pouco e depois assistia a *Garotas Quentes do Rio*, a *Noites em Cetim Molhado* ou a qualquer filme que estivesse disponível.

Você deixa de pagar uma conta. Você fala mal de um colega de trabalho. Você fica ressentido com sua mãe. Você guarda na mala uma toalha de banho do hotel. Você finge estar interessado na apresentação teatral do jardim-de-infância da filhinha de sua melhor amiga. Você declara uma dedução de impostos que pode ser legítima... ou não. Você inveja um vestido, monta um esquema para ser a "rainha do baile", toma esteróides enquanto treina para as Olimpíadas. Você assiste ao canal pornográfico e depois assiste de novo.

A questão é que *você* faz tudo isso. *Nós* fazemos essas coisas. *Todos* fazem essas coisas.

Nem *todas* essas coisas, é claro; seria difícil imaginar que todos os que estão lendo este livro estejam treinando para as Olimpíadas, invejando o vestido da amiga ou mentindo para uma criancinha. Mas a verdade é que todos nós guardamos segredos e todos fazemos isso todos os dias.

É claro que guardar segredos pode ser saudável. Guardar alguns segredos pode ser essencial. Ao guardar segredos, criamos nosso eu interior – a identidade que desenvolvemos na primeira infância e que levamos conosco por toda a vida. Os segredos que guardamos também funcionam como o núcleo do eu compartilhado – a identidade adulta que esperamos criar com um parceiro. Por toda a nossa vida, os segredos proporcionam uma base para as amizades, para os relacionamentos profissionais e para as alianças sociais.

Entretanto, mesmo quando guardar um segredo não é essencial, ainda assim pode ter um propósito útil. A filhinha da amiga, que foi a Cinderela na peça escolar, quer receber um elogio, não a opinião honesta de um crítico sobre uma noite de estréia. A esposa de um executivo que acha que a secretária dele é "sedutora" provavelmente não precisa saber que hoje a próxima Angelina Jolie começou a trabalhar no escritório. Se o encontro de Sílvio com o canal pornográfico tivesse acontecido apenas em uma noite, ele bem poderia não ver razão para confessar sua "infidelidade" e sua esposa poderia concordar com isso.

Esses segredos são *benignos*. Eles não ferem ninguém e, na verdade, podem poupar os sentimentos alheios ou podem ajudar quem os guarda a se sentir melhor. Podem servir a propósitos perfeitamente legítimos.

Mas nem tudo é preto ou branco. O executivo que acha que sua nova secretária é sedutora pode descobrir que pensa nela mesmo quando está fazendo sexo com a esposa. Do ponto de vista psicológico, esses pensamentos não são nem morais nem imorais; são simplesmente compreensíveis. Fantasias não são comportamentos e não provocam danos. Eles são benignos. E o segredo tende a permanecer benigno se quem o guarda reconhece sua existência em vez de negá-la. O mesmo acontece se quem guarda o segredo não pensa que este esteja realmente resolvendo um problema – insatisfação conjugal ou crise de meia-idade, por exemplo.

Mas e se o executivo convidar a secretária para tomar um café? E se ele ocultar isso de sua esposa? E se ele fizer confidências íntimas à secretária, contando coisas que nem a esposa sabe? Agora os segredos começaram a lançar uma sombra um pouco mais sinistra. Se o segredo não for entendido como uma fantasia que não precisa ser atuada, não será reconhecido como realmente é por quem o guarda e, se estiver resolvendo um problema ou conflito que existe na mente dessa pessoa, poderá espalhar-se. Esse segredo pode ser chamado de *maligno*.

De onde vêm os segredos malignos? Os sete pecados mortais são um bom ponto de partida: vaidade, inveja, ira, avareza, preguiça, gula e luxúria. Eles foram considerados potencialmente "mortais" para a alma eterna pelo papa Gregório, o Grande, no século VI. Deixando de lado sua importância religiosa, essas sete categorias permaneceram por um milênio e meio na cultura ocidental porque representam as tentações mais comuns e mais ressoantes do coração. É importante indicar aqui que todos os seres humanos pensam e sentem todos esses impulsos. (E qualquer pessoa que acredite não pensá-los nem senti-los deve ser extremamente reprimida e provavelmente está consumida pela culpa.) Nesse sentido, não há nada de "pecaminoso" nesses nem em qualquer outro pensamento e sentimento. Ao saber o que pensa e sente e ao lutar internamente com os pensamentos e sentimentos, você pode evitar agir de um modo que seja errado para você ou para outra pessoa.

Mesmo assim, os segredos malignos só têm o *potencial* para se espalhar. Eles não *precisam* ter metástases. Há muita diferença entre a balconista de uma cafeteria que de vez em quando pega um trocado da caixinha comunitária e o gerente da loja que todas as semanas faz com que 5% do lucro desapareça tão depressa quanto a espuma do cappuccino. Do mesmo modo, legiões de turistas levam para casa as toalhas do hotel. Mas não chegam nem aos pés do viajante cuja casa está repleta dos despojos das conquistas – toalhas, claro, além de chinelos, cortadores de unha, frascos de xampu, CDs de música ambiente, uma pequena cafeteira – e cujo armário está lotado de cabides (de madeira!).

A diferença entre segredos e vidas secretas é uma questão de grau. Essa diferença pode não ser exatamente quantificável. Por quantas noites Sílvio tem de comprar filmes em *pay-per-view* com seu cartão de crédito antes de estar oficialmente levando uma vida secreta? Não é possível estabelecer um número. No entanto, como a definição de pornografia dada pelo dicionário, você saberá se vir – e esse é o motivo pelo qual Sílvio assegurou-se de que ninguém visse, nem sequer ele mesmo. Como a maioria das pessoas, Sílvio tende a ver-se sob uma luz positiva e prefere que o mundo o perceba de um modo que o favoreça.

Em termos psicológicos, essa versão um pouco idealizada que uma pessoa tem dentro de si chama-se ego. Sílvio queria que sua família e seus amigos o considerassem um homem com princípios morais, estável, divertido, fiel e sexualmente bem-ajustado. Ele não quer que percebam o marido e pai desgastado que se deita em uma cama no oitavo andar de um hotel no centro de Minneapolis, e assiste a um encontro de pseudolésbicas em um celeiro. Ele também não quer que os estranhos o vejam dessa forma. Sempre que está saindo de um hotel e o funcionário lhe apresenta a conta detalhada, Sílvio sente-se constrangido e percebe um rubor subindo pelo colarinho. Os títulos dos filmes nunca aparecem nas contas, é claro; em vez disso, a despesa é mencionada como "filme no quarto". No entanto, no que diz respeito a Sílvio, é como se a despesa aparecesse como "pornografia para que homens de negócio de meia-idade se masturbem". Por isso, ele prefere a conveniência do fechamento de conta expresso.

Além disso, não *era* ele. Esse não podia ser ele, essa imagem que amigos e parentes evocariam se soubessem a verdade sobre Sílvio. E mais ainda, isso não era nem mesmo exato, ele disse a si mesmo. Como a maioria dos que guardam segredos malignos, Sílvio preferia não admitir que a visão de si mesmo masturbando-se na cama ou sentindo-se furtivo no lobby do hotel era quem ele era de fato. Ele tinha suas razões: estava entediado; passar noite após noite em hotéis que parecem iguais levaria qualquer um a procurar distrações; o cérebro dos homens simplesmente funciona assim; ele só demorou a descobrir essa verdade científica em si mesmo; e, de qualquer modo, quem não precisa relaxar depois de um dia estressante tentando convencer uma sala cheia de gerentes de meia-idade de que o mais recente *software* pode fazer uma grande diferença em sua empresa?

Mas os que guardam segredos sempre têm suas razões – suas racionalizações. O funcionário do escritório que pega uma tesoura ou o cliente da farmácia que não diz ao caixa que este lhe deu uma nota de 10 reais em vez de uma nota de 1 podem dizer a si mesmos que esses pequenos atos não contam. Afinal de contas, o conglomerado multinacional em que trabalham ou a cadeia de farmácias onde compram podem absorver facilmente uma perda tão pequena. De algum modo, eles "esquecem" que as empresas pertencem a seres humanos e que esses seres humanos irão absorver pessoalmente as perdas ou irão repassá-las a outros seres humanos, que irão absorver pessoalmente as perdas. Ao esquecer-se disso, esses ladrõezinhos despersonalizam sua desonestidade e mantêm uma auto-imagem favorável.

Mas eles *são* ladrõezinhos. O que "pegaram" pode ser minúsculo. Mas e moralmente? Alguém que nem sonharia em pegar um cartucho de tinta para impressora sem pagar ou guardar no bolso uma moeda que o cliente anterior esqueceu sobre o balcão de uma loja pode agir sob um impulso que irá custar algum dinheiro a alguém em algum lugar. Mas esses ladrõezinhos pegam o que pegam porque podem – porque não há ninguém na sala de suprimentos ou porque o caixa não percebeu o engano. Ninguém os observa, a não ser eles mesmos. Pegam porque está ali para ser pego. Estão saindo com algo. Esse sentimento os gratifica porque satisfaz a um anseio primitivo. A vida é injusta, mas dessa vez a injustiça funcionou a favor deles. Nesse momento de cruzar a linha, ladrõezinhos – fofoqueiros maliciosos, sonegadores de impostos, motoristas embriagados – não são *apenas* cidadãos morais, honestos e corretos. Eles podem gostar de pensar assim e podem estar certos. De qualquer modo, essa impressão de si mesmos pode ser inteiramente correta – ou quase inteiramente. Porque, em algum nível, interiormente, somos pequenos animais agressivos e amorais.

Em termos psicológicos, a parte da personalidade que quer o que quer, quer agora e não se preocupa com as conseqüências é chamada de *id*. Ela é o lado impulsivo, egoísta e sobrevivente da natureza humana. É a versão de nosso eu interior que se torna visível quando a luz favorável do ego se apaga.

Freud costumava escrever sobre o *id* como se este fosse uma parte física real da mente. Hoje usamos a palavra para expressar um conceito a respeito do modo como a mente funciona. Mas, se você quiser imaginar a aparência do *id*, pense na internet. Você quer algo imediatamente? Procure em um site de busca. Você quer ser completamente anônimo ou quer adotar uma identidade totalmente diferente? Entre em uma sala de bate-papo. Você quer reclamar? Escreva um blog. Alguns dos segredos que a internet torna acessíveis a todos são benignos – o pseudônimo que você usa em seu endereço de *e-mail* ou a identidade que você adota em uma sala de bate-papo. Mas alguns são propícios à malignidade – discursos de ódio e predação. Incógnito, o *id* pode agir livremente e sem controle.

A batalha entre o ego e o *id* – entre a imagem que queremos apresentar ao mundo e a imagem mais sinistra que tentamos manter escondida – encontra-se no cerne do segredo maligno. Queremos ser a pessoa que mais se aproxima de nosso ideal, mas também queremos o que queremos. Muitas vezes, o ego vence a batalha. Você deixa a tesoura no armário de suprimentos da empresa em que trabalha; você devolve a nota de 10 reais para o caixa que devia lhe dar 1 real de troco. Outras vezes, é o *id* quem vence – e, às vezes, o *id deve* vencer. É emocionalmente saudável que o *id* obtenha alguma satisfação. Se você tem pensamentos luxuriosos e pensar neles lhe dá algum alívio, nessa parte específica de sua vida o *id* encontrou não só uma válvula de escape, mas uma válvula *necessária*. Manter o *id* totalmente trancado pode tornar uma pessoa reprimida, ressentida, inibida, rígida, que não se diverte e não é divertida.

Mas, embora *querer* pegar o cartucho de tinta de impressora no armário de suprimentos ou *querer* sair da loja com a nota de 10 reais possa ser saudável, fazer isso não o é. Se a batalha entre o *id* e o ego não for travada consciente e atentamente, você poderá se comportar de modos prejudiciais para si e para os outros. Querer livrar-se de seu chefe pode ser saudável. Reconhecer que quer livrar-se dele pode ser saudável. Mas *não* reconhecer que quer livrar-se de seu chefe e ainda derramar café na mesa dele não é saudável. Se um impulso intenso o bastante para o levar a agir for mantido inconsciente e sem exame, o *id* poderá não só vencer, mas continuar vencendo.

Quando isso acontece, o segredo maligno começa a se espalhar. Guardar as toalhas na mala passa a ser uma parte rotineira da viagem. O roubo do cartucho de tinta leva a roubos de tesouras, rolos de fita adesiva, pacotes de papel, caixas de lápis e canetas e tudo o mais que as crianças precisem para a escola. O filme pornô visto no quarto torna-se um caso de todas as noites. E, quando *isso* acontece, as racionalizações fazem seu papel. Elas permitem que os segredos assumam vida própria.

Como sempre foi "ruim em Matemática", Sara achava mais fácil permanecer ignorante em relação aos impostos. Jônatas lidava com eles, ela não. Ela preparava as refeições, levava as crianças ao consultório do ortodontista e as ajudava nas lições de casa. Ele declarava os impostos, tirava o lixo e cuidava do carro. Ninguém aprendia muito, mas as coisas eram assim e funcionavam para eles. Todos os anos Jônatas, executivo de uma grande empresa de investimentos, levava para a saleta todas as informações sobre a renda do casal, fechava a porta e só saía horas depois, parecendo exausto. Como havia estudado Economia, ele dizia a Sara que não precisavam pagar um contador para fazer o que ele podia fazer de graça. Ele se orgulhava de seus conhecimentos, pois vinha de uma família de trabalhadores e foi o primeiro a concluir um curso superior em uma grande universidade. Ele se orgulhava de como tinha subido na vida e de quanto sabia a respeito do mundo. Ela nunca questionava as opiniões dele e deixava que cuidasse das coisas, o que ele parecia fazer muito bem. Jônatas lhe dava os formulários da Receita Federal e a única coisa que ela fazia era assiná-los.

No entanto, certa vez, o olhar de Sara pousou na lista de itens deduzidos e ela viu que Jônatas tinha incluído uma viagem recente ao Caribe, considerando-a como uma viagem de "pesquisa" para um projeto em que Sara trabalhava. Ela não conseguia imaginar o que Jônatas quisera dizer com isso, mas ele afastou as preocupações dela, dizendo que todos faziam esse tipo de dedução e que a Receita Federal sabia disso. Além disso, Sara não encontrou menção a um emprego de designer temporário que ela havia tido no verão, mas, quando ela levantou a questão, Jônatas afastou seus receios dizendo que a renda estava somada "em algum lugar" e que ela não sabia ler os documentos dos impostos.

Ela não sabia mesmo, para alívio de Jônatas. No decorrer dos anos, ele descobriu como falsear a verdade em suas declarações de renda e quando tinha 30 anos isso já era quase uma ciência. Ninguém precisava saber o que ele fazia com esses números; ninguém precisava saber como ele os fazia dançar para sua própria vantagem, nem mesmo sua esposa – embora ele tivesse a sensação de que ela sabia muito mais do que deixava transparecer.

A família tinha tudo o que havia desejado: uma BMW, uma casa no campo, uma TV de plasma obscenamente grande. Sara gostava de sua vida e não queria que ela mudasse. Ela podia lembrar-se facilmente dos primeiros tempos, quando ela e Jônatas não tinham nada. Ele era um recém-formado que passava os dias em entrevistas de emprego, tentando impressionar os consultores de RH com sua mistura de trabalhador comum esperto e de fina educação universitária. Eles compravam comida chinesa simples e gordurosa e moravam em um apartamento pequeno. Tinham certeza de que logo conseguiriam mudar de vida e, realmente, mudaram. Jônatas mostrou ser um funcionário valioso, que se esforçava muito e subiu rapidamente, tornando-se vice-presidente sênior da empresa. Tudo era perfeito – pelo menos até o dia em que receberam uma carta da Receita Federal, informando-os de que haviam sido pegos pela malha fina.

A vida secreta de Jônatas e Sara foi construída em conjunto por dois segredos separados. Para Jônatas, o segredo começou com um simples esticar da verdade – uma dedução questionável aqui, uma omissão implausível ali. Ele podia racionalizar cada entrada feita em cada linha de cada formulário de impostos. Fechado na saleta, com os dedos velozes no teclado da calculadora, ele se divertia antecipando as perguntas de um fiscal imaginário e sempre tinha uma boa resposta. Ele não era um sonegador. Era um homem que entendia de economia em um grau que poucas pessoas podiam acompanhar. Ele tinha todo o direito de localizar e explorar cada brecha e, se seu conhecimento falhasse alguma vez e ele acabasse cometendo um erro aqui ou ali, quem poderia culpá-lo?

O segredo de Jônatas envolveu Sara. Na primeira que desconfiou que o marido estava sonegando impostos, ela disse a si mesma que isso não podia ser verdade. Mas, quanto mais pensava a respeito, mais difícil era negar os sinais. Então ela parou de pensar sobre isso. Se Jônatas lhe dizia que tudo estava batendo, tudo estava batendo. Sara fechou-se no que os políticos chamam de negação plausível: ela não podia ser considerada responsável por algo que tecnicamente não conhecia, certo?

O segredo dela reforçou o segredo de Jônatas. Quando Sara deu sinais de que não só havia desconfiado do que ele estava fazendo, como também estava disposta a olhar para o outro lado, Jônatas interpretou a resposta dela como um tipo de aceitação, uma sugestão de "Isso não pode ser muito ruim". Não era nem um pouco ruim. O sistema estava funcionando. Todos estavam felizes. Por meio de uma aliança, o segredo de um homem transformou-se em uma vida familiar secreta.

É assim que os segredos de família costumam funcionar. A vida secreta de uma pessoa espalha-se, em busca de reforço e de concordância. Se as recompensas potenciais do segredo parecem combinar com os desejos inconscientes dos outros membros da família, ele irá florescer. Irá se tornar parte da casa. Será *normalizado.* Mesmo uma vida secreta tão extrema quanto a de um traficante de drogas é normalizada por meio da concordância de outros membros da família, que dependem de sua "função" para satisfazer seus desejos – impulsionados pelo *id* – de dinheiro e de *status*.

Mas o que acontece se um desejo cotidiano não pode ser normalizado? Pode ser difícil imaginar uma vida secreta mais resistente à normalização que a de um fora-da-lei. Mas o que decide se a pessoa com o segredo vai precisar da aceitação de sua família não é o próprio segredo. São os sentimentos da pessoa que mantém o segredo em relação a este.

As pessoas guardam segredos malignos por, principalmente, duas razões. A primeira é a culpa, que é a sensação (válida ou não) de ter feito algo errado. A outra é a vergonha, a sensação (válida ou não) de que outra pessoa pode achar que você é ruim. Se você estiver querendo saber se um segredo que guarda pode ou não ser normalizado, as perguntas que fará a si mesmo tratarão dessas duas questões. O segredo faz com que me sinta culpado, envergonhado, humilhado? Outra pessoa que conhecesse o meu segredo iria me considerar ruim, corrupto, nojento, esquisito, imoral? Se responder sim a uma ou às duas perguntas, provavelmente você sentirá a necessidade de manter o segredo consigo, independentemente de qual ele seja. Para você, esse segredo não pode ser normalizado.

Sheila sempre foi magra e achava que isso nunca mudaria. Ela era alta e esbelta e, durante a infância e a adolescência, nunca engordou, por mais que comesse. Então, para sua surpresa, seus dias de magra terminaram. Ela tinha 27 anos na época e percebeu que as roupas estavam ficando apertadas. Sheila sabia que precisava tomar cuidado com o que comia se quisesse continuar a ser atraente. Mas era difícil fazer dieta depois de ter se acostumado a comer o que quisesse. Ela era muito rígida consigo mesma, mas, quando comia um doce proibido, dizia a si mesma que aquilo "não contava" porque no dia anterior havia comido apenas salada.

Depois, Sheila começou a pegar a comida na geladeira furtivamente, levando-a para o quarto quando não havia ninguém por perto. Ela iniciou um padrão drástico de empanturrar-se e tomar laxantes, e se convenceu de que essas medidas extremas eram apenas temporárias. Ela também mudou o estilo de suas roupas, de justas e modernas para largas e conservadoras, a fim de cobrir seu corpo em expansão. Sheila não contou a nenhum amigo nem parente que estava ganhando peso, nem mencionou as táticas que usava para lidar com isso, mas esperava que ninguém percebesse.

Claro que as pessoas perceberam. Isso foi muito bom – e talvez tenha até salvado a vida dela. Os amigos insistiram para que ela procurasse ajuda e, depois de começar a fazer terapia comigo, Sheila começou a confrontar diretamente seus problemas de peso. Ela percebeu que, quanto mais tentava reprimir os pensamentos perturbadores sobre si mesma e sua imagem corporal ("Estou horrível" ou "Nenhum homem vai querer dormir comigo se eu estiver acima do peso"), mais era provável que os reforçasse de maneiras sutis ou nada sutis. Ela compreendeu que estava usando a comida como um meio de confortar-se, um meio que substituía o contato sensual humano e real. Sem saber disso, Sheila comia tanto porque estava, na verdade, *faminta* por atenção e intimidade física. Os medos a deixaram deprimida e dificultaram o emagrecimento; isso permitiu que ela evitasse a ameaça que o sexo representava. Sheila havia conseguido exatamente o oposto do que desejava.

O mesmo se aplica a Jônatas e a Sara. A contabilidade criativa de Jônatas às vezes vinha à tona na consciência dele, como aquilo que de fato era. Sara vislumbrava, em alguns flashes, a desonestidade do marido e reconhecia sua ignorância voluntária. De vez em quando, cada um deles percebia os possíveis desdobramentos do que estava acontecendo; percebiam que estavam pondo em risco sua família e seu futuro. Contudo, por mais horrível que fosse essa hipótese, como espectadores inocentes de um filme a que tinham acabado de assistir sobre um assassinato cometido por um gângster, Jônatas e Sara concordavam tacitamente que não haviam visto nada fora do comum.

Mesmo que por um só instante, eles *tinham* visto. Mas podiam dar-se ao luxo de "esquecer" enquanto acreditassem que isso era de seu interesse. Já Sheila não podia evitar enxergar seu segredo cada vez que se olhasse em um espelho ou passasse pela vitrine de uma loja. Ela até chegou a reconhecer sua necessidade de disfarçar. Mas ainda conseguia fingir para si mesma que *não havia* percebido e que os outros também não percebiam. Sheila usava um tipo de "pensamento mágico" infantil para manter essa lógica em pé.

Por fim, Jônatas e Sara viram sua vida secreta como realmente era, mas só porque *foram obrigados* a isso. Quando a Receita Federal bateu à porta de sua mansão, eles não tiveram escolha a não ser reconhecer que algo havia dado errado na vida deles. Deviam milhares de dólares ao governo e tiveram de vender as mesmas propriedades que haviam sustentado sua ilusão de prosperidade. Cada um culpou o outro, como freqüentemente acontece quando os casais mantêm uma vida secreta que vem à tona. Então, chegou o dia em que Sara disse: "Precisamos de ajuda". Jônatas respondeu de imediato: "Sim, um bom advogado". Mas ela lhe disse que estava pensando em um terapeuta. Mesmo assim Jônatas resistiu, dizendo que o problema não estava na cabeça deles, mas na conta bancária. Por fim, a ameaça clara de um possível divórcio – de perder a esposa e a família – fez com que ele concordasse de uma maneira que nem a possibilidade distante de prisão nem a perda real de propriedades haviam conseguido.

Quando perguntei a Jônatas por que sonegava impostos, ele disse que estava só tentando "dar uma dura" no governo. Mas conversas mais detalhadas levaram a uma compreensão mais profunda dessa afirmação. Quando Jônatas era adolescente, trabalhou alguns meses nas docas de carregamento do Brooklyn e, no dia de pagamento, voltava para casa com o dinheiro no bolso de seu jeans. Ele se lembrava claramente da sensação que esses pedaços de papel provocavam, farfalhando quase silenciosamente contra o tecido da calça. Sentia-se durão e invulnerável. Mas, logo que chegava em casa, o pai sempre o acuava e pedia o dinheiro, dizendo que iria colocá-lo no banco para Jônatas, pois lá era o lugar onde o dinheiro deveria ficar. "Só estou sendo prudente", dizia o pai, "e quero lhe ensinar o valor do dinheiro". Jônatas havia aprendido o valor do dinheiro, é certo; depois de algum tempo, ele passou a dar um jeito de esconder do pai parte do que ganhava, pondo as notas dentro de uma meia na gaveta. Não era no governo que ele queria "dar uma lição", mas no pai ou em qualquer figura de autoridade.

Quando foi a vez de Sara explicar por que se dispusera a deixar passar a ilegalidade do marido, ela deu de ombros e disse que queria uma "boa vida" para si e para a família, como a que tivera quando criança, crescendo em um bairro de classe média alta na cidade de Filadélfia. Só depois de muita conversa é que ela percebeu que "uma boa vida" era também o que seus pais temiam que um trabalhador das docas do Brooklyn não pudesse proporcionar a sua filha. Não que seus pais tenham expressado suas reservas. Mas ela podia ouvir os suspiros ao telefone sempre que falava de Jônatas e podia ver os sorrisos forçados quando eles passavam as férias na casa dos pais dela. *Vou mostrar a eles* tornou-se o voto não expresso de Sara. Cada extravagância que ela acrescentava a sua casa, cada temporada luxuosa de férias que planejava para sua família era um modo de provar que os pais estavam errados.

Podemos ser tentados a dizer que, ao contrário de Jônatas e Sara, algumas pessoas sonegam impostos porque sentem que não têm escolha. O dia da declaração se aproxima e elas descobrem que o bônus de Natal que parecera uma bênção no fim do ano, agora surge como uma maldição. Uma pequena sonegação pode não ter nada a ver com o inconsciente, não é?

Não. Cada pessoa responde a cada situação de um modo. Nem todos os que estão apertados sonegam impostos. E os que sonegam o fazem por motivos inconscientes.

Também podemos nos sentir tentados a dizer que Jônatas tinha um pai abusivo, Sara tinha pais críticos e por isso *é claro* que eles cresceram assim. Isso não deveria tranqüilizar a nós, que não tivemos pais abusivos nem críticos?

Não. Todos temos segredos malignos, mas eles acabam em metástases apenas porque nós os mantemos ocultos de nós mesmos. Juntos, Jônatas e Sara mantinham um segredo diante do mundo externo e, individualmente, eles guardavam segredos um do outro – contabilidade criativa, da parte dele, e fingimento, da parte dela. Eles criaram a vida que queriam. Mas porque guardaram segredos de si mesmos – porque nunca reconheceram seus desejos mais profundos – eles se envolveram no próprio comportamento que destruiu a vida que sonhavam. Como Sheila, que temia tornar-se pouco atraente e por isso se tornou pouco atraente, Jônatas e Sara temiam não conseguir prosperar – e, no fim das contas, não conseguiram. O segredo inconsciente, não arejado, pode facilmente transformar-se em uma profecia auto-realizável.

E o que dizer de Sérgio? Ele também acabou derrotando a si mesmo. Ele começara a assistir a pornografia em viagens por causa da solidão, de uma sensação de isolamento e logo estava só e isolado também em casa. O esforço para manter secreto o seu hábito tornou-o irritável e até mesmo irracional. Ele se descobria comparando Lisa, a mulher real, viva e com defeitos, que estava em sua cama, com a moça de 20 anos, de bronzeado perfeito e de grandes seios, que estava numa tela de TV em Kansas City e, desse modo, não havia competição possível. O segredo que ele guardava de Lisa o estava afastando cada vez mais de sua esposa. Agora, ele se sentia *falso.* Quando estava em casa, entre as viagens de negócio, tomando café com a esposa e os filhos ou deitado ao lado de Lisa à noite na cama, ele percebia uma estranha sensação de distanciamento – não só de sua família, mas também de si mesmo. Sérgio se lembrou de uma cena de *Noivo Neurótico, Noiva Nervosa* (Woody Allen, EUA, 1977, Rollins-Joffe Productions), em que a personagem de Diane Keaton faz amor com o personagem de Woody Allen e, no meio do ato, ela parece levantar da cama e andar pelo quarto, enquanto outra versão de si mesma fica na cama e continua fazendo amor.

A única hora em que Sérgio não se sentia como se estivesse observando a si mesmo era quando estava sozinho, assistindo a pornografia em um quarto anônimo de hotel. O segredo que ele escondia de Lisa estava começando a destruir seu casamento. Como Sérgio nunca reconheceu as razões subjacentes para seu comportamento – o segredo inconsciente que ocultava –, chegou a uma "solução" que só piorou as coisas. Para saber qual foi essa solução e como a história dele acabou se resolvendo, você terá de esperar até o último capítulo do livro.

# 4

# A Vida Secreta do Amante

*Pegue a manteiga.*
—Marlon Brando em *O Último Tango em Paris* (1972)

As visitas dele eram pouco freqüentes, breves e inesquecíveis. Até três vezes ao ano, o homem alto, simpático, que falava inglês, aparecia na casa das três crianças Hesshaimer, em Munique. Ele se chamava Careu Kent e, pela quantidade de papéis que costumava carregar, as crianças supunham que fosse algum escritor famoso. Sabiam que ele viajava pelo mundo, pois o ouviam falando com a mãe delas sobre as pessoas famosas que conhecia, como, por exemplo, Richard Nixon. Depois, em 1973, as visitas pararam. Mais oito ou nove anos passaram-se até que, um dia, Astrid, a filha do meio e então com 21 anos, descobriu uma caixa com 112 cartas de amor endereçadas à mãe e assinadas, como era de se esperar, C. Mas o surpreendente era o tema de um artigo de revista que a mãe havia guardado cuidadosamente na mesma caixa: Charles Lindbergh.

Astrid confrontou a mãe. Brigitte Hesshaimer, então com 50 e poucos anos, não confirmou nem negou. Ela começou a chorar. Depois, fez com que a filha prometesse não dizer nada publicamente sobre as cartas até que ela e a viúva de Charles Lindbergh, Anne Morrow Lindbergh, estivessem mortas.

As duas mulheres morreram em 2001. No verão de 2003, os três irmãos Hesshaimer – Dyrk, com 45 anos, Astrid, com 43, e David, com 36 – tornaram públicas as cartas. Eles mostraram fotos do aviador com a família. E também contaram detalhes sobre sua vida doméstica.

Ele os divertia mexendo as orelhas. Ria ao acordar de manhã e encontrava brinquedos dentro de seus enormes sapatos. Ele não falava alemão, mas lhes contava histórias, por mímica, sobre os animais que vira na África. Durante suas visitas, que normalmente duravam de cinco dias a duas semanas, ele levava as três crianças e a mãe delas a passeios no campo. Comprou uma casa para a mãe delas e fez investimentos para as três crianças.

Eles chegaram a uma conclusão: a linha da certidão de nascimento que dizia "pai desconhecido" podia agora ser completada com o nome de um dos homens mais famosos do século XX.

A conclusão parecia única, *para eles*. Para o resto do mundo, essa imagem particular de Charles Lindbergh era inconciliável com a imagem pública: um homem disciplinado, estrito e moral, um pai devotado e um marido amoroso. Os mais destacados especialistas em Lindbergh disseram que as afirmações dos irmãos Hesshaimer não podiam ser verdadeiras. O biógrafo norte-americano A. Sílvio Berg examinou as cartas e concordou que a letra era de Lindbergh. Mas será que as referências a "nossas crianças" nas cartas significavam necessariamente que ele era o pai? Berg conhecia o caráter de Lindbergh mais do que qualquer outra pessoa e disse que em todas as pesquisas que fizera como biógrafo não encontrara "nem uma sombra" de tal possibilidade. Em uma entrevista, Berg afirmou: "É cronológica e geograficamente possível? Sim. Combina com o caráter dele? Não".

A figura pública de Lindbergh incluía a condição de herói, a primeira pessoa a cruzar o oceano Atlântico em um vôo solo, um feito que, em 1927, aos 25 anos de idade, elevou-o ao mais alto escalão de celebridade internacional, no qual permaneceu até sua morte, 47 anos depois. Sua identidade pública também incluía a condição de herói trágico, devido ao seqüestro e assassinato de seu filho de 3 anos, Charles Jr., em 1932 – um caso que chamou tanta atenção quanto seu vôo solo.

Havia também seu caráter particular – aqueles traços e detalhes conhecidos principalmente pelo companheiro da pessoa, mas também, em certo grau, por um pequeno círculo de parentes, amigos e, no caso de Lindbergh, por um biógrafo. Na opinião de todos, o lado particular de Lindbergh sugeria um núcleo de aço – frio, pouco emotivo e intensamente moral.

No entanto, por mais que parecesse inconciliável com o caráter de Lindbergh, a informação de que ele era polígamo era, surpreendentemente, verdadeira – com um grau de exatidão de 99,9%, segundo a análise de DNA realizada no outono de 2003. E a história não parou por aí. Logo depois de os três filhos de Lindbergh com Brigitte Hesshaimer irem a público, uma revista alemã revelou que Lindbergh era pai de outras duas crianças – com a irmã de Brigitte Hesshaimer, Marietta. Um pouco depois, outra publicação descobriu outra família secreta de Lindbergh, dessa vez com sua secretária alemã, Valeska. Essa vida secreta também resultara em dois filhos.

Quando Dyrk, Astrid e David Hesshaimer publicaram um livro sobre o pai, dois anos depois de tornarem sua história pública, eles o intitularam *The Double Life of Charles Lindbergh* [A Vida Dupla de Charles Lindbergh]. Contudo, nesse ponto, um título mais preciso teria sido *A Vida Quádrupla, ou mais, de Charles Lindbergh*.

Se Charles Lindbergh tivesse se instalado em Munique com Brigitte Hesshaimer e criado três filhos e *apenas* morado em Munique com Brigitte Hesshaimer e criado três filhos, ninguém pensaria que sua vida particular fosse incomum. A diferença entre a vida secreta do amante e a vida aberta do amante, contudo, é que a vida *secreta* envolve outra pessoa, com quem se estabelece uma nova identidade.

Pode começar com um riso, ou um toque acidental na mão do outro, ou só com o fato de a outra pessoa ter boa aparência. Talvez seja uma piada bem contada, ou uma observação inteligente, ou uma opinião política compatível. Qualquer que seja o gatilho, a vida secreta começa aqui.

Também pode terminar aqui. E muitas vezes termina. O pensamento surge, encontra uma resistência interna – talvez a lealdade com o parceiro que já existe – e morre.

Mas às vezes não morre. Pode haver uma troca de gentilezas, talvez uma paquera. Nesse ponto, os dois podem ir em frente, supondo que, embora haja atração mútua, o relacionamento "não irá adiante", não haverá romance. E, como foi o caso com o gatilho, talvez não vá mesmo. Uma paquera secreta e amigável pode ser o máximo a que o relacionamento chegue.

Mas pode não ser. Essa paquera pode ser exatamente o que o futuro amante secreto estava esperando para uma retomada, uma liberação ou um modo de escapar de um relacionamento já existente. Ou talvez o aparecimento de um novo "outro" possível seja uma surpresa total, evocando à consciência uma questão não formulada e talvez anteriormente impensável: *E se?*

Mesmo na melhor hipótese possível, pense em realização emocional. Dois indivíduos se conectam ao compartilhar segredos, cada um deles revelando-se mais e mais até que, por fim, os dois eus separados fundem-se em um eu compartilhado. Cada eu dá, sem cessar, e recebe, também sem cessar, até que não haja mais nada a ser compartilhado. E então?

Para algumas pessoas, isso basta. Mas para outras que, sabendo ou não, querem mais, o que se segue pode ser decepcionante. Depois dos primeiros tempos de completude mútua, é inevitável que haja estagnação. Algumas vezes, isso é acompanhado por uma diminuição na atividade sexual. Esse período não precisa coincidir com uma crise da meia-idade completa, com filhos crescidos, pressão na carreira profissional, pais idosos que precisam de cuidados, calvície ou celulite tomando conta ou qualquer outro lembrete da juventude perdida ou da mortalidade imprevisível. Isso pode acontecer em qualquer momento da vida e pode ser sutil o bastante para passar despercebido. Mas pode criar uma suspeita vaga e indefinida: falta algo.

O que falta especificamente está além do propósito deste livro. Mas o importante é que falta algo. Falando claramente: a vida é assim. Todos nós conhecemos bem nossas inadequações, frustrações, ansiedades e medos individuais. Sentir-se incompleto faz parte da condição humana. Mas houve um tempo em que nos sentimos completos. Na primeira infância, idealmente, vivemos a unidade com um ou ambos os pais. Agora, ao estabelecer uma unidade com outra pessoa, esperamos recuperar alguma similaridade com esse estado de completude e satisfação.

Até agora, essas descrições de um relacionamento que se desenvolve podem se aplicar igualmente a uma vida amorosa aberta e a uma vida amorosa secreta. Primeiro, há o reconhecimento implícito da atração, depois, um reconhecimento explícito por meio do flerte, então, uma troca acelerada de intimidades emocionais e, por fim, a possibilidade clara de sexo. A possibilidade de sexo, contudo, levanta duas outras possibilidades: o caso físico e o caso emocional.

No filme *O Último Tango em Paris* (Bernardo Bertolucci, França/Itália, 1972, Warner), as personagens de Marlon Brando e Maria Schneider encontram-se repetidamente em um apartamento vazio para fazer sexo. A única regra é que o sexo deve ser anônimo; as duas personagens não devem revelar nada sobre sua vida pessoal, nem mesmo seu nome. Ao remover os segredos da equação, elas esperam apagar sua humanidade, pelo menos dentro das quatro paredes desse quarto.

Mesmo assim, será que esse cenário pode de fato remover a intimidade humana? Afinal de contas, uma declaração de preferência por um ou outro tipo de ato sexual revela algo de íntimo ao parceiro. Do ponto de vista psicanalítico, essa preferência diz: "Algo está faltando e acho que isso pode substituí-lo – ou, pelo menos, satisfazer-me momentaneamente". No caso da personagem de Brando, ficamos sabendo que é sua esposa que falta, literalmente, pois ela acabou de cometer suicídio. Mas, em uma cena crucial, ele fica junto ao caixão da esposa e a ataca usando uma linguagem tão vulgar e com uma raiva tão nua que fica claro que sua ira é muito mais profunda que seus sentimentos pela mulher morta. Ele é uma personagem de ficção, é claro, e é sempre arriscado tentar se aprofundar em uma psique que não existe. Mas, se ele fosse real, poderíamos questionar se seu conflito interior envolve sua relação com as mulheres em geral – uma parte "faltante" dele que viria do passado, como freqüentemente acontece em casos de problemas com mulheres, da relação com sua mãe. Na realidade psicológica do filme, não é de surpreender que, pouco depois dessa cena, a personagem de Brando revele seu nome à personagem de Maria Schneider – uma revelação que indica o fim de seu caso.

Isso não quer dizer que o sexo anônimo não exista nem possa existir. (Embora até mesmo o desejo de anonimato – a busca do sexo sem a revelação de segredos – possa ser revelador.) Mas, nos relacionamentos em que as duas pessoas buscam algum grau de intimidade emocional, os atos sexuais transmitem muitas informações. O sexo envolve partes do corpo que não mostramos a ninguém, uma forma de prazer que não contamos para os outros, fantasias que falam de nossos anseios mais profundos. Por esses motivos, ele funciona, em nossa sociedade, como a última fronteira de intimidade, o curso de ação irreversível. É como se a integração de duas fronteiras do eu não estivesse simbolicamente completa até que houvesse uma integração das fronteiras físicas, uma troca de secreções que validasse a troca de segredos.

Mas o que dizer do contrário do sexo sem intimidade? Intimidade sem sexo. Isso não só existe, como acontece o tempo todo e provavelmente mais do que nunca, agora que as mudanças no mundo do trabalho e a ascensão da internet transformaram em algo comum os encontros casuais (virtuais ou não) entre os sexos. Mas um relacionamento emocional que não envolve sexo pode ser considerado como um caso?

Sim. O que define um caso não é o sexo, mas o segredo. Uma profunda troca de segredos funciona como uma base para a intimidade, e esta *pode* levar ao sexo. Também pode levar a um relacionamento não-sexual, mas igualmente poderoso e envolvente: um caso emocional.

Júlia encontrou Tadeu durante um intervalo para fumar, fora do edifício de escritórios em que ambos trabalham, em agências de publicidade concorrentes. Era um dia frio e eles tiveram uma conversa comum como dois estranhos em uma fila de banco. Júlia não achou que Tadeu estivesse flertando com ela, como os homens faziam com freqüência. Ela sempre declarava que vivia com um "ótimo homem". Mas, dessa vez, foi Tadeu quem mencionou a esposa, como se quisesse tranqüilizar Júlia de que havia considerado esse encontro casual simplesmente como um modo agradável de passar cinco minutos no frio. Mas, no dia seguinte, Júlia e Tadeu encontraram-se de novo durante um intervalo para fumar e depois combinaram de se encontrar no dia seguinte às 10h30 e às 15h30. "Se nós dois vamos ficar tremendo no frio...", disse Tadeu.

E Júlia completou: "Pelo menos, vamos ter companhia na tristeza".

Mas Júlia não se sentia nem um pouco triste. Na verdade, ela se sentia revigorada, uma sensação que não tinha nada a ver com o frio. Ela gostara de conversar com Tadeu e os dois tinham muito sobre o que conversar – o tipo de clientes dos quais gostavam ou que detestavam, a pressão dos prazos antes de apresentações importantes, frustrações em relação à perspectiva de progresso profissional em suas respectivas agências. Júlia até confidenciou sua ambição profissional mais profunda – ser a proprietária de uma pequena e luxuosa agência. Ela nunca contara esse segredo a ninguém, nem mesmo a Roberto, seu namorado de longa data. "Você está triste?" logo se transformou no código usado por Júlia e Tadeu, nos *e-mails* secretos para se encontrarem fora do edifício, sempre que um deles precisava de um cigarro ou queria ver o outro.

Não demorou muito para Júlia concordar em encontrar Tadeu para um drinque depois do trabalho e outro na semana seguinte, em uma quarta-feira. Nesse ponto, a questão de um caso era inevitável e ambos declararam que não estavam interessados nisso. Amavam os parceiros. O fato de serem membros do sexo oposto que gostavam da companhia um do outro não significava que algo tinha de "acontecer". Por que duas pessoas como eles não podiam ser apenas bons amigos? Afinal de contas, se fossem dois homens ou duas mulheres, ninguém questionaria suas intenções.

Mas algo não estava certo. Ou melhor, algo estava certo *demais*. Júlia sentia-se muito à vontade com Tadeu, mais do que com suas amigas mais íntimas – uma sensação de conforto que não havia sentido desde que se apaixonara por Roberto, quatro anos antes. Sentada em uma banqueta em um tranqüilo bar, pedindo outro drinque e o menu, Júlia sentia-se confortável, compreendida, *apreciada*. Ela dizia a si mesma que isso não era necessariamente algo ruim; agora ela não precisava esperar nem exigir de Roberto o tipo de atenção que sua vida ocupada e sua longa familiaridade não mais permitiam. Mas Júlia também ficava pensando: se sua amizade com Tadeu não era mesmo algo ruim, por que ela não contava a Roberto sobre suas noites de quarta? Ela dizia que "parara para tomar um drinque com um colega do escritório", o que era verdade, mas não toda a verdade, e em algum lugar intermediário entre a verdade e toda a verdade havia um campo minado repleto de culpa.

Júlia estava começando a perceber que um caso emocional não-sexual pode ser tão forte e tão envolvente quanto um caso sexual. De modo geral, se uma pessoa responder sim a pelo menos duas das perguntas abaixo, é provável que esteja tendo um caso emocional:

1. Você mantém segredo para com seu parceiro sobre a maioria dos encontros e conversas com essa pessoa?
2. Você conta a essa pessoa mais sobre seu dia, ou mesmo sobre suas insatisfações conjugais, que a seu parceiro?
3. Você se arruma antes de ver essa pessoa?
4. Existe uma atração sexual (explícita ou não) entre vocês dois?
5. Você iria sentir-se culpada se seu parceiro os visse juntos?

Na quinta quarta-feira em que saiu com Tadeu, Júlia lhe disse que "isso" tinha de terminar, fosse o que fosse. O termo *caso emocional* ainda não fazia parte de seu vocabulário, mas ela sabia, por meio de uma experiência real, o que significava estar envolvida em um caso emocional, quais as ameaças que isso trazia e que repercussões existiam. No caso de Júlia, o que permaneceu depois foi uma sensação inabalável de culpa, que era tão forte a ponto de levá-la a procurar terapia. Só então ela reconheceu que, por um período breve, mas intenso, tinha levado a vida secreta de uma amante.

Mesmo a um passo de um caso, os potenciais adúlteros ainda podem voltar atrás. Ainda podem discernir se aquilo que sentem estar "faltando" tem origem na relação ou em si mesmos e também podem tentar descobrir como encontrá-lo sem colocar em risco seu relacionamento. Eles ainda podem voltar para casa e tentar descobrir se há algo errado e o que é.

Algumas vezes *há* algo errado na relação, inegável e irreversivelmente. É verdade que muitos relacionamentos já estão chegando ao fim quando uma terceira pessoa aparece. E certamente alguns relacionamentos *devem* terminar, para bem da sanidade ou mesmo da segurança dos parceiros. Para alguém que já reconheceu que deve sair assim que possível de seu relacionamento atual ou que percebe isso ao se envolver com a terceira pessoa, a chegada do "outro" pode sem dúvida ser uma bênção e uma solução.

Mas, em muitos casos, a vida secreta do amante nasce da crença de que *qualquer* relacionamento pode conseguir preencher um anseio por plenitude. A intensidade com que a pessoa experimenta esse anseio irá afetar sua probabilidade de adotar a vida secreta do amante. Para parafrasear Freud: O que homens e mulheres querem?

As generalizações sobre sexo são arriscadas, a menos que sejam do tipo "os homens têm pênis e as mulheres têm vagina" (e, mesmo assim, há exceções). Ainda assim, psicanalistas e psicoterapeutas experientes podem identificar distinções gerais entre onde mulheres e homens buscam essa sensação de preenchimento.

As mulheres, de modo geral, tendem a esperar que essa carência seja suprida pelo "outro". Elas pensam: "Ele quer estar comigo. Ele me ama, ele me deseja e, portanto, eu sou desejável e digna de amor". As mulheres tendem a ver um relacionamento em termos mais emocionais que físicos. O sexo com o amante secreto pode ser bom, mas é a atenção e a apreciação que trazem a mensagem mais importante: *Esse homem faz com que eu me sinta desejável, divertida, inteligente* – ao contrário do homem que está em casa. Essa observação pode não ser objetivamente verdadeira. Ela pode, na verdade, ter um parceiro em casa que a aprecia profundamente, mas que por algum motivo não o demonstra mais. No entanto, a sensação de plenitude é o que lhe "falta" em casa – e é o que ela espera obter com outro amor.

Para os homens, a busca de um senso de plenitude tende a voltar-se para si mesmos. Eles pensam: "Eu quero estar com ela. Eu a desejo e quero desejá-la – gosto da sensação de desejar uma mulher, e ter uma mulher". Os homens tendem a ver um relacionamento em termos mais físicos que emocionais. O componente emocional do relacionamento pode ser bom, mas é o sexo que traz a mensagem mais importante: *Essa mulher faz com que eu sinta que ainda sou potente* – pode ser que a mulher em casa também o faça sentir-se assim. Mas não faz mal ouvir isso de novo, aqui e agora. Que adrenalina traz sentir-se aventureiro, vital e viril!

Pense em Lindbergh. Só podemos especular sobre quais foram os motivos inconscientes dele – quais foram as razões reais para seu comportamento. Mas o exemplo dele serve para esclarecer verdades mais amplas. Nesse caso, a potência certamente parece ter tido um papel importante. Em 1956, o ano em que começou seu caso com Brigitte Hesshaimer, ele tinha 55 anos e sua esposa, 51 anos. Juntos, tiveram seis filhos (cinco sobreviveram), dos quais o caçula tinha 12 anos. Ainda mais, passaram juntos pela morte de um filho, no seqüestro de 1932. Talvez Lindbergh tivesse uma necessidade psicológica de se tranqüilizar.

Mas ele não se tranqüilizou simplesmente. Ele se reafirmou. Como teve pelo menos sete filhos fora do casamento, podemos concluir com segurança que ele não desestimulava a concepção ou o nascimento desses testemunhos vivos de sua virilidade. Na verdade, se acreditarmos no que escreveu a Brigitte, ele ficou feliz ao receber a carta dela (enviada anonimamente para uma caixa postal em Connecticut), informando-o da chegada iminente do primeiro filho. "Suas notícias são maravilhosas e estou imensamente feliz com isso", ele escreveu a ela (e enviou a resposta anonimamente, em um envelope sem o endereço do remetente). "Só sinto não poder estar aí com você agora, em vez de escrevendo esta carta."

De onde veio sua sensação de vazio, seu desejo inconsciente de substituir algo que estava "faltando"? Um bom ponto de partida é o modo como ele foi criado. O pai de Lindbergh havia nascido de um caso extraconjugal entre um fazendeiro sueco e sua amante, trinta anos mais jovem. Ao ter seu próprio caso e seus próprios filhos ilegítimos, ele talvez estivesse inconscientemente tentando aproximar-se do pai. Também sabemos que ele foi criado por uma mãe com um senso estrito de certo e errado, que se comportava com tanta formalidade que na hora de dormir apertava a mão do filho para lhe dar boa noite. Sem dúvida, uma disciplina infantil tão rigorosa, pelo menos em alguma medida, ajudou-o a suportar as 33 horas seguidas em que ficou sozinho no *cockpit* do avião na travessia do Atlântico, mantendo-se acordado mergulhando o avião baixo o suficiente para tocar as cristas das ondas e com isso os respingos tocarem seu rosto. Essa disciplina também o ajudou a compartimentar a vida em tal extensão que pôde ter pelo menos quatro famílias diferentes.

Não é de surpreender que essa rigidez – moral, física, psicológica – também se estendesse a sua vida emocional. Segundo sua esposa, ele nunca derramou uma lágrima diante dela; depois da morte de seu filho, ele até a proibiu de chorar na presença dele. A mensagem que aprendeu com a mãe deve ter permanecido com ele pelo resto da vida: *eu não devo compartilhar minhas emoções com ninguém e ninguém deve compartilhar suas emoções comigo*. O que "faltava" na vida interior de Lindbergh, podemos afirmar com segurança, era intimidade.

Do mesmo modo que é preciso um esforço consciente para manter um caso secreto para o resto do mundo, também é preciso um esforço *inconsciente* para esconder esse tipo de segredo de si mesmo. Os segredos – conscientes ou inconscientes – querem ser expostos. E o são, de um modo ou de outro. Não é apenas o desejo consciente, externo, que determina se um caso irá acontecer. É o conflito inconsciente, interno, que também leva um amante para os braços do outro.

E outro e mais outro, no caso de Lindbergh. O segredo que escondeu de si mesmo foi a necessidade de intimidade; por isso, ele se sentiu impelido a embarcar em uma série de casos na tentativa de preencher esse vazio. Mas alguém tão distante emocionalmente só é capaz de estabelecer pseudo-intimidades.

A verdadeira intimidade acontece quando duas identidades fundem-se. Cada identidade é o eu que emergiu na primeira infância, quando a pessoa começou a distinguir-se de seus pais. Agora, como adulto, esse eu individual busca voltar à fusão desse estado, mas não com um dos pais. Agora, o eu busca outro eu com quem criar um eu compartilhado. Para atingir esse estágio – para que as duas identidades alcancem a verdadeira intimidade – cada eu deve estar disposto a entregar-se incondicionalmente ao outro.

Entretanto, a entrega incondicional que leva à verdadeira intimidade quando adulto não é uma opção para alguém que não vivenciou a entrega incondicional da verdadeira intimidade quando criança. Mas isso não faz com que a pessoa pare de buscar, de tentar encontrar o que está "faltando".

Lindbergh nunca vivenciou a verdadeira intimidade com a mãe. Como adulto, ele buscou o que faltava, primeiro com uma amante, mas não encontrou, buscou com uma segunda amante e de novo não encontrou, então tentou uma terceira amante, mas também não encontrou. Ele nunca iria encontrar. Entretanto, a natureza de seus demônios era tal que ele estava fadado a tentar e a fracassar, a tentar e a fracassar, a passar o resto da vida apaixonando-se sem nunca entender o que desejava realmente nem como consegui-lo. As últimas décadas de sua vida devem ter parecido, emocionalmente falando, com um longo vôo solo.

O desespero dos amantes secretos por preencher esse vazio fica evidente quando se observa o quanto eles estão dispostos a arriscar na tentativa. Estão dispostos a arriscar o relacionamento com a esposa ou o marido, com os filhos, com outros familiares e, algumas vezes, se a transgressão for extrema o bastante, com amigos e colegas de trabalho. O caso não precisa ser revelado para ter um efeito pernicioso. Lindbergh, por exemplo, nunca abandonou formalmente sua família norte-americana, mas certamente deixou de lado a esposa e os filhos. Embora tenha mantido sua residência principal em Connecticut durante os últimos quinze anos de sua vida, viajava constantemente, ausentava-se constantemente, a ponto de Anne Morrow Lindbergh queixar-se em seu diário de que já sabia como era ser uma viúva.

Lindbergh colocou em risco até mesmo a adoração do público por ele. A versão cinematográfica de sua autobiografia foi lançada no mesmo ano em que ele começou seu caso com Brigitte Hesshaimer. O Charles Lindbergh de *Águia Solitária* era ainda mais heróico – mais constante, moral e disciplinado – do que o Charles Lindbergh que o público já conhecia. Em público, ele passava de herói a mito, ícone e deus. Em particular, ele estava disposto a correr o risco de se transformar em hipócrita e falso. Quem pode dizer quanto ele estava arriscando? Talvez, nesse ponto de sua vida, ele tivesse ficado feliz (em um nível inconsciente) com a revelação. A correção de um erro seria um alívio que teria agradado a seu lado moralista.

Por razões que os amantes secretos não entendem, eles podem descobrir que se comportam de uma maneira que não aprovam. Lindbergh orgulhava-se de discernir o certo do errado, mas cometeu uma série de atos que violavam os costumes dominantes e que ele próprio teria considerado imorais (e talvez ainda considerasse). Não só o público não teria reconhecido esse Charles Lindbergh; também Charles Lindbergh não teria se reconhecido.

Ou devemos dizer Careu Kent? Certamente, alguém tão famoso como Lindbergh precisava de um pseudônimo se fosse manter um caso secreto além-mar, especialmente um que resultasse em filhos e demandasse visitas regulares. Mas o nome que ele adotou pode revelar seu conflito interno. No interior da Alemanha, ele se fazia passar por C. Kent, mas, como o nome sugere, ele continuava a ser um super-homem que, se não podia saltar de edifícios altos em um único impulso, podia pelo menos atravessar grandes oceanos em um vôo sem escalas. Ele era alguém que podia surgir ocasionalmente, dar o prazer de sua presença para as amantes e para os filhos e, depois, voar novamente. Esse padrão de comportamento combinava com a versão de super-homem de si mesmo e também lhe permitia acreditar que tinha intimidade real. Ele podia estar fisicamente presente de tempos em tempos e assumir a responsabilidade financeira, mas era também um espectro, tão emocionalmente presente, ou ausente, quanto sua mãe havia sido. Se essa avaliação lhe parece dura, lembre-se: ele fazia mímica de animais selvagens para os filhos que teve com Brigitte Hesshaimer, porque *nunca havia se dado ao trabalho de aprender alemão.*

Quem aceitaria esse tipo de comportamento? Sentir-se compatível com um parceiro, em parte, consiste em encontrar alguém que complemente as próprias peculiaridades – Lindbergh precisava encontrar mulheres que aceitassem as longas ausências do amante na vida delas e na de seus filhos. Por definição, o tipo de mulher que faria isso seria aquela que o aceitaria sem questionamentos, que faria poucas exigências emocionais e o idolatraria: *Olhe! Lá no céu!*

Quando a verdade sobre a vida dupla de Lindbergh tornou-se irrefutável, seu biógrafo, Sílvio Berg, comentou que só então os "vazios da história" poderiam ser preenchidos. Os vazios na cronologia de Lindbergh estavam ali o tempo todo, incompreensíveis para o biógrafo, mas não preocupantes. Sem o conhecimento das cartas e das vidas paralelas, até mesmo seu biógrafo podia continuar a acreditar na vida de Charles Lindbergh. Do mesmo modo, os vazios na vida interior de Lindbergh estavam ali o tempo todo. Eles também devem ter parecido incompreensíveis ao piloto: tentações, necessidades e impulsos que contradiziam não só quem o público pensava que ele era e não só quem a esposa, os filhos, os amigos e até seu biógrafo pensavam que ele era, mas quem ele sabia conscientemente que era. Por fim, Charles Lindbergh não conseguiu entender sua vida, e, como acontece na vida secreta de muitos amantes, essa incapacidade – essa duplicidade – era tão "verdadeira em seu caráter" quanto poderia ser.

# 5

# A Vida Secreta do Homossexual

*Daphne: "Você não entende, Osgood.*
*(Ele tira a peruca.) Eu sou um homem".*
*Osgood: "Bem... ninguém é perfeito".*
—Jack Lemmon e Joe E. Brown em *Quanto Mais Quente Melhor*

Jim quisera ser fuzileiro naval desde que se dera por gente. Desde muito cedo também sabia que era gay e, instintivamente, tinha a consciência de que as duas partes de sua vida ficariam em conflito. Quando entrou para os Fuzileiros Navais, não contou a ninguém que a pessoa que esperava por ele em Duluth era um homem chamado Michael. Durante todo o tempo em que serviu no Vietnã, Jim enviou cartas de amor a Michael aos cuidados de Susan, a irmã de Michael. Na verdade, todos em sua unidade pensavam que Susan era sua namorada, e esse equívoco tornou sua vida muito mais fácil.

Depois do Vietnã, Jim permaneceu no Corpo de Fuzileiros Navais e subiu de posto até chegar a uma posição importante. Ele ia freqüentemente a jantares diplomáticos em Washington, onde políticos e outros VIPs sempre ficavam felizes ao vê-lo. Eles apertavam sua mão com firmeza e lhe davam tapinhas nas costas, como se estivessem encontrando um de seus pares. Ele sabia que era admirado e gostava disso; gostava especialmente de ser admirado por prestar um serviço a seu país. Então ele se misturava aos outros convidados, ouvia os brindes, conversava sobre os índios norte-americanos. E depois, bem tarde da noite, depois de jantar e passar em seu apartamento para trocar de roupa, ia a um bar chamado Grotto.

Jim sempre dissera estar em paz com sua vida dupla. Reconhecia que podia ser desgastante estar em guarda o tempo todo. Mas ele era um fuzileiro naval, era bom em disciplina. Além disso, sabia como viver sob risco todos os dias: estivera na guerra.

Certo dia, Jim chegou visivelmente abalado em meu consultório. Ele me contou que um bom amigo dele foi inesperadamente exposto por um outro fuzileiro naval. Embora faltassem apenas nove dias para sua aposentadoria, Carlos perdeu a pensão. Sua vida estava arruinada e nada lhe sobrara. Isso provocou uma onda de medo em Jim e em todos os gays que ele conhecia no Corpo de Fuzileiros Navais. Se isso acontecera a Carlos, também podia acontecer a eles. Ninguém estava a salvo.

Lembrei-lhe de que ele sempre dizia saber o risco que corria por ser um militar gay, do mesmo modo que sabia do risco que corria quando era um soldado no campo de batalha.

Ele respondeu suavemente: "Uma coisa é saber que você pode morrer. Outra bem diferente é sentir uma bala de raspão na orelha".

Esquivar-se de balas é uma boa metáfora para descrever o modo como muitos homossexuais vivem. Aqueles que não "saíram do armário", ou que só saíram parcialmente, temem a exposição. Mesmo os que são abertamente homossexuais temem a reação dos outros. Homens e mulheres homossexuais podem não perceber conscientemente essas preocupações em todos os momentos. Eles podem agir em sociedade como se fossem "iguais", do mesmo modo que Jim se sentia quando se misturava aos políticos, aos diplomatas e às altas patentes militares nos jantares de Washington. Mas, na vida de alguns homossexuais, continua a haver uma ameaça não vista e não mencionada – uma pressão exterior. Essa necessidade de segredo pode transformar o dia-a-dia em algo semelhante a um campo de batalha.

Mesmo na área da Psiquiatria, supostamente isenta de preconceitos, a homossexualidade foi tratada por muito tempo como algo a ser "curado". Se um paciente era "convertido" à heterossexualidade e se casava, o tratamento era considerado um sucesso. Agora sabemos que não é bem assim. A homossexualidade não é uma escolha, como pensávamos, e as profissões da área médica já não a consideram questão de moralidade. Agora se pensa que, pelo menos na maioria dos casos, a homossexualidade resulta de algum tipo de predisposição biológica. A pessoa nasce com isso. "Então, mostre-me o gene gay", dizem alguns. Não existe um "gene gay". Ainda não se pode dizer qual é o componente genético ou neurológico específico que determina a sexualidade, mas os clínicos de todas as profissões da área de saúde mental concordam que as pessoas já trazem a sexualidade "instalada".

Não que a preferência sexual seja simplesmente uma questão de sim ou não, de um interruptor heterossexual/homossexual. Não somos totalmente nem um, nem outro. Todos nós ficamos em algum ponto do *continuum* – muitos de nós ficam muito mais perto de um extremo ou de outro. Mas nenhum de nós ocupa um extremo absoluto e sem ambigüidade, porque a atração pelo mesmo sexo é, em certo grau, parte do histórico da sexualidade de todos.

Pode não ser a atração *predominante* ou *consciente*. Ainda assim, em vários momentos da infância, uma pessoa se sentirá atraída pela mãe, depois pelo pai, e vice-versa. Por fim, um tipo de atração irá dominar e o outro será reprimido e, portanto, se tornará inconsciente. É por isso que alguns se sentem atraídos por ambos os sexos, mesmo que um deles seja predominante.

Por exemplo, uma mulher heterossexual pode ver outra mulher andando pela rua e pensar como essa mulher é bonita. Em parte, essa resposta pode vir da admiração ou mesmo da competição. Mas ela também pode sentir, sem admitir para si mesma, que acha a outra mulher atraente ou mesmo muito *sexy*. Isso não significa que ela queira dormir com essa ou com qualquer outra mulher.

A preferência sexual também pode ser determinada, em parte, por fatores psicológicos. Alguém que sinta um profundo conflito ou aversão pelo sexo oposto (por ter sofrido abuso quando criança, por exemplo) pode achar que os membros do mesmo sexo são mais "seguros", qualquer que seja sua orientação sexual natural. Algumas pessoas usam a sexualidade como um modo de testar os limites sociais, com freqüência no final da adolescência ou no início da idade adulta. E existem os que são predominantemente atraídos por membros do mesmo sexo, mas consideram esses pensamentos tão horríveis que suprimem suas tendências naturais, até para si próprios, podendo mesmo chegar ao casamento. Mas quase todas as pessoas que são gays quando adultas relatam que sempre se sentiram atraídas por membros do mesmo sexo, que suas fantasias sempre envolveram membros do mesmo sexo, desde o ensino fundamental – relatam que sempre "souberam".

"I Am What I Am" [Eu sou o que eu sou] é uma canção da peça *A Gaiola das Loucas*, um sucesso do início dos anos 1980 na Broadway, e se tornou o hino dos movimentos gays da época. Mas parte da agudeza da canção era que, para muitos homens e mulheres homossexuais, o oposto do título também valia: "Eu não sou o que eu sou". O que você vê – este "eu" heterossexual que você acha que conhece – não é a pessoa que sou por dentro. É claro, ninguém é exatamente igual por dentro e por fora; os segredos que optamos por guardar são parte do que proporciona a cada um de nós um senso de eu individual. Mas, para alguém que está parcial ou totalmente "no armário", o segredo guardado não é pouco importante nem superficial. Não diz respeito a um aspecto da vida. É o centro da vida. É a essência da identidade de *qualquer pessoa*: o modo como amamos.

Quando Jim, o fuzileiro naval, apaixonou-se, sua atitude para com os militares e sua própria homossexualidade mudou de forma decisiva. Durante anos, seus colegas fuzileiros – ou, pelo menos, os heterossexuais – pensavam que ele fosse apenas uma pessoa bastante reservada. Pensavam que ele fosse um "solitário", um "solteirão insensível", e ele não fazia nada para negar essa idéia. Mas quando ele se apaixonou, em vez de ir ao Grotto depois de um jantar diplomático, digamos, na embaixada da França, ele foi para casa e, em vez de experimentar a adrenalina por saber que enganara a todos, ele se sentiu triste. Ele e Craig falavam um ao outro sobre o dia, como os casais fazem no fim do dia, mas, enquanto Jim contava a Craig o que este perdera naquela noite, sentia uma indignação crescente. Desviar-se de uma bala era uma coisa; sofrer discriminação era outra bem diferente, como ele começava a perceber. Por que ele não podia levar o namorado a esses jantares, do mesmo modo que outros homens levavam as esposas e as namoradas? Ou, como certa vez ele me perguntou: "Como uma amante pode ser superior a meu namorado?".

Vivemos em uma sociedade na qual ser homossexual ainda é, na mente de muitas pessoas heterossexuais, uma fonte de vergonha e, na mente de algumas pessoas homossexuais, um motivo para segredo. Como resultado, a construção da vida secreta do homossexual sempre é, pelo menos em parte, uma resposta a pressões externas.

Quando Roy Scherer teve a oportunidade de ser um protagonista em Hollywood, nos anos 1950, provavelmente não hesitou muito antes de concordar com as exigências do estúdio para que escondesse sua homossexualidade e adotasse o pseudônimo de Rock Hudson. Naquela época e naquele setor, era rotina desaprovar publicamente a homossexualidade. Nesse caso particular, isso incluiu "namorar" uma sucessão de aspirantes a atriz. Para Rock Hudson, sua nova identidade tornou-se uma parte tão importante de quem ele era e de como queria ser lembrado que, mesmo quando estava morrendo de aids, em 1985, dizem que relutou em admitir a homossexualidade.

Já Rosie O'Donnell acabou por revelar que era lésbica e, depois, ainda fortaleceu essa identidade casando-se com a namorada em São Francisco, quando essa cidade legalizou, por um breve período, os casamentos entre pessoas de mesmo sexo. Contudo, antes disso, ela cultivara uma imagem totalmente feminina entre o público, predominantemente feminino, de seu *talk show*, repetindo sempre e animadamente que achava Tom Cruise atraente. Sabem de uma coisa? Tom Cruise *é* atraente. Ela provavelmente o achava atraente *de fato*. Mas a beleza masculina não era a fonte de interesse sexual predominante dela. Como admitiu depois, fingir parecia mais seguro profissionalmente.

De certo modo, ela tinha razão. Vejamos o caso de Ellen DeGeneres. Ao contrário de Rosie O'Donnell, ela nunca havia declarado sua sexualidade em público. Quando surgiram boatos a respeito de sua homossexualidade, em 1997, ela foi capa da revista *Time* e declarou: "Sim, eu sou gay". Ao mesmo tempo, a personagem de sua *sitcom* na TV também saiu do armário. Por mais benéfica que a honestidade possa ter sido para sua saúde psicológica, não ajudou em nada do ponto de vista profissional. A *sitcom* na TV foi cancelada e sua carreira entrou em declínio. Só em 2003, quando o desenho animado *Procurando Nemo* foi lançado, é que sua vida profissional começou a se recuperar – talvez em parte porque ela deu voz a um peixe neutro que, embora fosse fêmea, não parecia ter sexo discernível nem transmitia sexualidade. E, embora logo tenha obtido um sucesso significativo como entrevistadora em seu *talk show*, ela o fez sem tornar o lesbianismo parte de sua identidade pública. A lição dessa experiência é clara: ainda não é profissionalmente seguro para uma figura pública amada admitir que é gay. Para um símbolo sexual, provavelmente seria um suicídio profissional.

Existem gradações da identidade gay no meio artístico. Há a atitude "não perguntar, não falar", praticada por Liberace, o *showman* mais extravagante que já pisou em um palco, mas que não era nada ameaçador para seu público, composto principalmente de mulheres idosas. Existe a tradição "de modo algum, então tudo bem", de homens heterossexuais que fazem papéis gays – ou, como na comédia clássica *Quanto Mais Quente Melhor*, (Billy Wilder, EUA, 1959, Warner), de homens heterossexuais fazendo o papel de heterossexuais que fazem o papel de gay. Tecnicamente, as personagens de Tony Curtis e de Jack Lemmon são músicos travestidos que fogem de gângsteres, e não homens gays. Mas também há, nos momentos finais do filme, a insinuação clara de que um deles irá fugir com um playboy idoso e rico. Esse final era subversivo para sua época, mas era também aceitável porque o público sabia que Jack Lemmon, o ator que fazia o papel, não era "realmente" gay.

Os exemplos do mundo artístico são úteis para nossos propósitos porque são visíveis e familiares. Mas a homossexualidade, provavelmente, é mais comum nas artes que em muitos outros ramos. Ainda mais, é tolerada nesse setor. Para os que viviam no meio artístico, as notícias de que Rock Hudson, Rosie O'Donnell e Ellen DeGeneres eram gays não foram nenhuma novidade.

Todavia, em outras áreas, é o próprio setor que exerce graus diversificados de pressão para que a homossexualidade seja mantida em segredo. Em um extremo situa-se a comunidade da inteligência, em que a intolerância não é apenas a norma, mas a política oficial. O argumento é que a homossexualidade traz riscos à segurança, porque as pessoas gays com acesso a informações confidenciais são mais vulneráveis à chantagem. Mas, como indicou um estudo publicado em 1990 na revista *American Psychologist*, os homossexuais só são vulneráveis a chantagem porque a cultura da própria comunidade de inteligência torna comprometedora a revelação dessa preferência sexual. Se a comunidade de inteligência tolerasse a homossexualidade, o poder da chantagem por meio da ameaça de exposição desapareceria.

Mas, um aspecto importante apontado pelo autor do estudo é que ser gay pode transformar o candidato em um melhor espião. Os homossexuais não expostos não serão mais capazes de manipular informações confidenciais? Homens e mulheres gays aprendem a observar o que dizem e o que fazem. Aprendem a ficar atentos a situações sociais que poderiam levá-los a ser expostos ou assediados. O estudo concluiu: "A experiência de um candidato gay com o estigma pode, na verdade, aumentar a capacidade de manter segredos". As Forças Armadas norte-americanas são órgãos cujas atitudes atuais em relação a gays e lésbicas refletem um tipo de sentimento híbrido que existe na sociedade mais ampla. Embora continue a haver uma política que proíbe homossexuais em suas fileiras, desde o início dos anos 1990 passou a haver uma atitude de "não perguntar, não falar". Isso parece significar que um gay pode ser militar enquanto ninguém souber de sua orientação. Segundo um estudo extraordinariamente detalhado, realizado no ano 2000, dos 71.570 membros em serviço em 38 bases militares e 11 navios, 80% relataram ter ouvido críticas a gays no ano anterior, e 37% afirmaram ter visto ou vivenciado pressões baseadas na suspeita (correta ou não) de homossexualidade.

Em outras instituições, a intolerância não é a política oficial, embora pudesse ser. Homens gays que fazem parte da área esportiva norte-americana podem preferir não se revelar devido ao risco de ridículo público – a mesma razão de seus colegas no meio artístico e cinematográfico. Mas, em quase todos os casos, eles também sabem que seriam evitados no vestiário do clube.

Nas comunidades, as políticas a respeito da homossexualidade são estabelecidas ao acaso, em resposta às leis, aos padrões locais e às crenças e preconceitos da pessoa que chefia a organização ou o departamento. Vários estudos revelaram que de um quarto a dois terços dos empregados gays relatam discriminação no local de trabalho. Outros estudos indicaram que esses números, por elevados que sejam, na verdade podem ser enganosos. Talvez não reflitam de modo exato o *potencial* para discriminação. Quem sabe qual seria o nível de preconceito ou de pressão se os empregados gays que levam vida secreta assumissem suas opções sexuais no trabalho?

Mesmo em um ambiente de trabalho relativamente tolerante, um empregado gay poderia sentir-se pouco à vontade. O que dizer do churrasco anual para as famílias dos empregados? Como seria a aceitação nesse ambiente? Um empregado gay iria se sentir à vontade para levar seu companheiro? Como seus colegas, supostamente tolerantes, iriam reagir? Pode haver uma grande diferença entre o abstrato e o concreto – entre saber que o rapaz na baia ao lado tem um companheiro em casa e encontrar esse companheiro no churrasco, participando da confraternização dos funcionários da empresa.

Nesse aspecto, a própria família é uma instituição e os níveis de segredo podem ser tão labirínticos como em qualquer outra organização – freqüentemente até mais. Existem famílias em que apenas um dos pais sabe, porque o filho ou a filha gay acredita que um irá aceitar e o outro não. O filho gay e o pai simpatizante acabam conspirando, compartilhando o segredo para não enraivecer aquele que é intolerante nem se arriscar a dividir a família. Às vezes, pai e mãe sabem, mas os irmãos não, e vice-versa. Outras vezes, é claro, ninguém sabe do segredo e o filho solteirão (por exemplo) chega à meia-idade recusando as sugestões de encontros às cegas feitas por tias bem-intencionadas e ouvindo murmúrios de que "ele ainda não encontrou a moça certa".

Por fim, é possível assumir a preferência sexual em um ambiente e não em outro. Um gay pode "passar" por heterossexual no trabalho e nos jantares em família, mas morar com um namorado e ter um círculo social em bares, restaurantes, vizinhanças e *resorts* onde pode vivenciar um senso de comunidade que, de outra forma, faltaria em sua vida – ou na imitação de vida.

"Sempre dama de honra, nunca noiva", resmungou Marina enquanto colocava o vestido pêssego na manhã do casamento de sua irmã. Raquel, sua namorada, estava sentada na cama, observando-a pelo espelho. Havia ironia no comentário de Marina; isso era freqüente, pois todos os amigos a consideravam como uma pessoa inteligente e divertida. Mas também havia melancolia e algo travou sua voz, enquanto seus olhos se enchiam de lágrimas.

Sua emoção não tinha a ver com o casamento gay em si. Ela não sentia uma necessidade ardente de casar. Mas o vestido de dama de honra lembrou-lhe de tudo que lhe era negado porque era lésbica. Não só um casamento, mas também a aprovação garantida de sua grande família – todas as primas e tias que faziam brincadeiras com Karen, a irmã de Marina, sobre seu noivo, e que adoravam sentir que faziam parte do relacionamento do jovem casal.

Quando você está apaixonado, o mundo também o ama. Você e seu amado andam pela rua de mãos dadas e senhoras idosas param para sorrir, operários de construção assobiam e todos aplaudem a abertura e a pureza do que sabem que vocês têm, porque também o tiveram ou, pelo menos, desejaram tê-lo. O mundo ama os apaixonados e esse fato aumenta o próprio amor. Especialmente no início de um relacionamento, existem gramados em que se pode deitar e beijar, ramos de flores para levar para casa e todos que o rodeiam sabem da história e a aplaudem.

No entanto, Marina não foi aplaudida por ninguém. Ela simplesmente não conseguiu contar a seus pais que era lésbica, embora o soubesse desde os 13 anos, quando se apaixonou pela melhor amiga e sonhava com ela todas as noites. Quando ia dormir na casa da amiga, as duas garotas deitavam-se lado a lado nos casulos de seus sacos de dormir e conversavam a noite toda. Marina sentia um tipo de completude que mais tarde reconheceu como amor. Esses sentimentos repetiram-se conforme ia ficando mais velha: ela se apaixonou por uma jovem na aula de Artes na universidade, por uma garçonete em um bar japonês e, por fim, pela mulher que morava no apartamento em frente ao dela, Raquel.

Mas, a cada vez, Marina questionava a situação e se perguntava: "Quanto isso pode ser real no mundo de hoje?". Se ela e Raquel iam passar o dia em Nova York, permitia-se abraçar a namorada. Se ela e Rachel estivessem em um jantar da família de Marina, ela se referia a Raquel como uma "amiga" e sua mãe nunca questionaria isso nem em um milhão de anos – embora seus irmãos e irmãs soubessem. Na verdade, eles achavam que era divertido e sorriam para ela do outro lado da mesa, como se sua vida fosse uma comédia em que algumas pessoas sabiam, outras não, e tudo tivesse de ser coreografado e planejado para evitar um desastre iminente.

Nesse dia, enquanto punha o vestido de dama de honra, ela se deu conta de que temia o casamento, porque lá estariam reunidas partes diversas de seu mundo – família, amigos, vizinhos, professores, o pastor – e, embora seu desejo natural fosse mostrar seu amor a eles – anunciar para o mundo inteiro, como diz o ditado –, ela teria de monitorar-se atentamente. Precisava lembrar com quem estava falando e também quem estava por perto. "Quero lhe apresentar Raquel" é o que ela diria a quase todos. E, com certeza, alguma tia ia perguntar por que duas moças tão bonitas não estavam acompanhadas por namorados.

Algumas das amigas lésbicas de Marina não entendiam por que ela sofria com a falta de autenticidade. A atitude delas era: "Quem se importa por não poder contar à tia idosa? Se você está apaixonada, está feliz. Não é isso que interessa?".

Mas importava, porque Marina sentia que a falta de autenticidade manchava seu amor. Ela queria usufruir de liberdade de expressão, mas freqüentemente precisava calar-se. Sua irmã nunca precisara fazer isso. Naquele dia, no casamento, haveria muitos brindes aludindo à grande paixão entre os noivos. Marina deitou-se na cama, amassando o vestido, sentindo uma onda de inveja.

"Quanto isso pode ser real no mundo de hoje?" era uma pergunta que envenenava muitas coisas em sua vida. Ela imaginava, por um breve e doloroso momento, se isso acabaria por envenenar seu amor por Raquel.

*Quanto isso pode ser real no mundo de hoje?* A pergunta que assombrou Marina tem de ser feita por todas as pessoas que levam a vida secreta do homossexual. Existem tantas respostas para essa pergunta quantas forem as pessoas a respondê-la, pois a pressão para manter secreta a própria homossexualidade não vem apenas do exterior. Vem também do interior de cada indivíduo.

Dois homossexuais que vivam em circunstâncias idênticas e respondam a pressões culturais e institucionais idênticas –

duas pessoas que morem na mesma comunidade e até trabalhem no mesmo local – podem viver de maneiras radicalmente diferentes. Um pode ser aberto para todos, em casa e no trabalho; o outro pode continuar ocultando, mesmo diante de um colega de trabalho abertamente gay. Nos círculos psiquiátricos, não tentamos mais "curar" um paciente de homossexualidade, mas, ao tratar um paciente gay que sinta ambivalência em relação a sua sexualidade, como era o caso de Marina, a dama de honra, e de Jim, o fuzileiro naval, tentamos abordar os conflitos internos – as pressões que vêm *de dentro*.

Optar por permanecer em segredo diante de todos, por assumir a realidade ou por assumir uma posição intermediária a esses dois extremos é, em última instância, uma questão de psicologia e de circunstâncias individuais. Alguns homossexuais não experimentam conflitos em relação a sua sexualidade. Mas muitos outros relatam a necessidade de manter um equilíbrio delicado entre o bem-estar no mundo e a autenticidade. Não que eles sejam mutuamente excludentes. Ser autêntico – ou abertamente gay – certamente pode fazer com que a pessoa sinta-se mais segura e, portanto, mais capaz de mover-se na vida cotidiana. Mas, em outros dias e em circunstâncias diferentes, isso também pode provocar demissão, ostracismo ou morte. A resposta à pergunta sobre quanto é possível ser real é, muitas vezes, uma questão de orgulho, vergonha, medo, culpa e raiva.

Como todos os segredos, essa ambigüidade cria um desejo de revelação e uma necessidade de ocultamento. A diferença na vida secreta do homossexual, contudo, é que esse ciclo de revelação e ocultamento requer uma vigilância constante e consciente. Esse automonitoramento é o que determina como cada indivíduo irá responder à pergunta: "Quanto isso pode ser real no mundo de hoje?". Mas tudo isso, inevitavelmente, tem um preço psicológico inconsciente.

Algumas vezes, a resposta interna é concordar com o julgamento do mundo externo: Sim, devo ter vergonha e estou envergonhado. "Decidi me casar", escreveu em 1876 o compositor russo gay Pyotr Ilyich Tchaikovsky ao irmão, Modesto:

> É inevitável. Devo fazê-lo, não só por mim, mas por você, Modesto, e por todos a quem amo. No nosso caso, creio que nossas disposições são o maior e mais insuperável obstáculo à felicidade e temos de lutar contra nossa natureza com o máximo de nossa capacidade. Então, no que me diz respeito, farei o melhor que posso para casar-me ainda este ano e, se me faltar a coragem necessária, de qualquer modo, abandonarei meus hábitos para sempre. Certamente você se dá conta de quão doloroso é saber que as pessoas compadecem-se de mim e me perdoam quando, em verdade, não sou culpado de nada. Quão terrível é pensar que aqueles que me amam, por vezes, envergonham-se de mim. Sendo direto, busco casamento ou algum tipo de envolvimento público com uma mulher, a fim de calar a boca das criaturas malévolas cujas opiniões não significam nada para mim, mas que estão em posição de afligir aqueles que me cercam.

Um ano mais tarde, Tchaikovsky se casou. Mas, como a estratégia de "tornar-se heterossexual" envolve a negação de quem a pessoa é em nível essencial, quase sempre está fadada ao fracasso, como ocorreu com o compositor, embora nem sempre de modo tão extremo. Semanas depois do casamento, ele tentou o suicídio, abandonou a noiva e fugiu do país.

Algumas vezes, a resposta do indivíduo gay às pressões do mundo externo é sentir inveja, como aconteceu com Marina. Ou sentir-se inspirado à ação política, como os ativistas dos direitos gays têm feito desde os distúrbios de Stonewall em junho de 1969, quando um grupo de homossexuais enfrentou a polícia do lado de fora de um bar em Greenwich Village e detonou uma revolução social. As duas respostas são variações de uma emoção mais básica: a raiva. Depois de anos dizendo que se sentia à vontade com sua existência heterossexual diurna e gay noturna, Jim, o fuzileiro naval, apaixonou-se e viu um amigo próximo ser expulso das Forças Armadas. Só então ele me falou de uma fantasia que abrigava por todos esses anos – no dia de sua baixa honrosa, ele iria até os oficiais comandantes e lhes anunciaria sua homossexualidade.

Enquanto conversávamos sobre essa fantasia, Jim reconheceu que ela continha bastante raiva. Ele reconheceu que, na verdade, sempre sentira raiva. Ela vinha à tona no modo em que ele, às vezes, confrontava os superiores. Felizmente, sua vocação podia incluir um temperamento forte. Mas Jim tinha medo de admitir a raiva diante dos militares, até para si mesmo, porque pensava que isso, de algum modo, iria diminuir o orgulho que sentia por servir a seu país. Apenas no momento em que reconheceu tanto sua raiva quanto seu orgulho é que ele começou a perceber que eram questões separadas. Ele podia ter *raiva e orgulho*. Talvez não pudesse ser totalmente real todos os dias, mas, ao reconhecer a raiva, podia ser mais real do que havia sido até então.

Existe uma saída saudável para aqueles que, como Jim, sentem que uma vida secreta é necessária, mas impossível de ser reconhecida. Essa saída pode abranger todas as suas frustrações e anseios individuais, conscientes ou não. Os segredos vêm à tona, mas de uma forma disfarçada.

Esse processo é chamado de sublimação. Ao identificar um pensamento ou sentimento "ruim" ou socialmente inaceitável e transformá-lo em algo "bom" ou socialmente aceitável, a pessoa que guarda o segredo sente alívio – e talvez, como no caso da música de Tchaikovsky, transcendência. Pode parecer paradoxal que sua música seja tão romântica, considerando-se que ele era alguém que não levava uma vida especialmente romântica – a menos que se leve em conta o anseio romântico que era dirigido para sua criação. O que é o balé *O Quebra-nozes* se não uma fantasia de exploração do amor? E *O Lago dos Cisnes*, que fala a respeito de um jovem que, sob a pressão de sua mãe para que se case, apaixona-se por uma bela mulher presa no corpo de um cisne por um feitiço? Embora essa história de amor distorcido e de transformação faça parte da tradição de muitos contos de fadas clássicos, o assunto atraiu Tchaikovsky porque lidava com alguns de seus anseios irrealizados mais profundos. Questões de amor, identidade e disfarce tocavam Tchaikovsky, como freqüentemente tocam as pessoas que levam uma vida secreta. Essas questões ressoaram tão profundamente nele que ele conseguiu transformá-las em músicas que ressoaram profundamente no público.

Tchaikovsky compreendeu que era homossexual, apesar de sua tentativa malsucedida de levar uma vida ao lado de uma mulher e entendeu que precisava manter esse fato em segredo. Ele compreendeu que sentia as pressões da sociedade e que sentia pressões de si mesmo. Mas a combinação dessas pressões, externas e internas, não o vencia quando ele se sentava para compor.

Contudo, algumas vezes, a combinação das pressões da sociedade e das pressões internas encontra uma válvula de escape pouco saudável. Um homem ou uma mulher gay pode sentir não só o tipo de vergonha que impeliu Tchaikovsky para o casamento, mas uma agressão interior que, em seu ponto extremo, pode assumir a forma de repugnância por si mesmo. Ou a pessoa que sente desejos homossexuais pode negar a existência desses sentimentos em tal grau que eles se manifestam como uma agressão externa, que vai desde o hábito de contar piadas homofóbicas até a violência física contra homossexuais. Quando a negação dos pensamentos e impulsos homossexuais é completa – quando se torna impossível reconhecê-los –, a vida secreta de um homossexual é secreta não só para os outros, mas para o próprio indivíduo.

Roy Cohn, um homem famoso por sua influência nas tramas do poder e que agia nos níveis mais altos da sociedade e do governo norte-americano, aparentemente acreditava que fazer sexo regularmente com homens não o tornava gay. Mas uma vida interior secreta não precisa envolver o ato concreto de fazer sexo com outra pessoa do mesmo sexo. Pode envolver, simplesmente, uma atração que provoca confusão – uma amizade que beira a obsessão, por exemplo, ou um homem casado e pai de dois filhos que não entende por que gosta de trocar *e-mails* com outros homens depois da meia-noite. Essa variação da vida secreta do homossexual nem precisa envolver alguém que seja predominantemente homossexual. Pessoas que são heterossexuais muitas vezes sentem-se ameaçadas por uma expressão de homossexualidade porque isso traz à tona uma parte de si mesmas de que não gostam. Se a resposta for fechar-se diante dessa ameaça, distanciar-se à força dessa idéia, o impulso pode manifestar-se em forma de piadas contra gays, de crueldade e, até mesmo, de crimes de ódio. Roy Cohn freqüentemente falava o quanto odiava os homossexuais. No entanto, uma expressão mais exata e honesta desse sentimento teria sido admitir o quanto ele odiava a homossexualidade dentro dele.

Roy Cohn morreu de aids em 1986, quando a epidemia estava no auge. Nessa época, um *slogan* unia os ativistas da aids. Ele era visto em *buttons* e em folhetos, era ouvido nas ruas, especialmente nas cidades com grande população gay. O *slogan* era "Silêncio = Morte", ou seja, se não confrontássemos as forças do preconceito que denominavam a doença de "a praga gay", como punição pelo modo de vida "errado", seríamos cúmplices da tragédia. Mas a equação pode ser igualmente exata se a lermos ao contrário e a aplicarmos ao destino de Pyotr Ilyich Tchaikovsky. Em 1892, segundo alguns historiadores, um júri zombador de suas indagações confrontou-o a respeito de sua homossexualidade e lhe ofereceu duas alternativas: exílio na Sibéria ou morte. Sabiam o que ele iria escolher. Tchaikovsky declarou certa vez: "Se não fosse a música, eu enlouqueceria". Na Sibéria não haveria música. Quatro dias depois, aos 53 anos, Tchaikovsky estava morto.

Por causa de sua homossexualidade, o mundo pode ouvir as peças musicais mais profundas já compostas; por causa de sua homossexualidade, o mundo teve de ouvir sua ausência – aprender o que acontece quando, em nível muito literal, a morte é igual ao silêncio.

# 6

# A Vida Secreta do Pervertido

*Me bate, me joga na parede, me chama de lagartixa.*

—Dito popular

Como você conseguiu essas cicatrizes?
Fui chicoteado.
Onde isso aconteceu?
No Império Otomano.
Quando?
Durante a guerra.
*De novo:*
Como você conseguiu essas cicatrizes?
Fui chicoteado.
Onde isso aconteceu?
Na Arábia.
Quando?
Em 1917.
*De novo:*
Como você conseguiu essas cicatrizes?
Fui chicoteado.
Onde isso aconteceu?
Em Deraa.
Quando?

Na noite de 21 para 22 de novembro de 1917.
*De novo.*

Isso se repetiu várias e *várias* vezes. T. E. Lawrence começou a contar essa história em 1919 e continuou a contá-la nos anos seguintes, até o momento em que a escreveu, em uma edição particular de 1926 de seu livro *Os Sete Pilares da Sabedoria* (publicado no Brasil pela Record). Nessa época, a história havia chegado a tamanho grau de especificidade e detalhe que, até hoje, continua a ser a passagem mais famosa da obra.

> O cabo havia descido ao andar inferior; e agora voltava com um chicote do tipo circassiano, uma correia flexível de couro negro, arredondada, que se afilava desde a grossura de um polegar, no cabo (que tinha acabamento de prata), até uma ponta dura, mais fina que um lápis.
>
> Ele me viu tremendo, em parte, creio, por causa do frio, e o fez zunir em meus ouvidos, escarnecendo de mim ao dizer que antes do décimo golpe eu iria clamar por piedade e ao vigésimo iria implorar pelas carícias do governador; e, então, começou a me açoitar loucamente, em todo o corpo, com toda sua força, enquanto eu cerrava os dentes para suportar essa coisa que ondeava como um fio flamejante sobre o meu corpo.

Lawrence continuou descrevendo como suportou os golpes, contando-os a fim de manter sua mente "sob controle" e vivenciando o "esfacelamento gradual" de todo o seu ser. Finalmente, quando estava totalmente arrebentado, seus algozes

> pareceram satisfeitos. De algum modo, eu me vi fora do banco, deitado de costas sobre o chão sujo, onde eu me aconcheguei, confuso, com a respiração ofegante, mas vagamente confortável.

> Eu me forcei a aprender toda a dor até morrer e, não mais ator, mas espectador, pensei que não me importava com o modo com que meu corpo contorcia-se e gritava. No entanto, eu sabia ou imaginava o que se passava comigo.

"Sabia ou imaginava" é uma distinção crucial aqui. Na época da publicação desse livro, Thomas Edward Lawrence já tinha havia muito alcançado o *status* de mito como o destemido Lawrence da Arábia, conquistador dos turcos – uma reputação que ele fez todo o possível para desestimular. Afinal de contas, ele sempre afirmou que seu livro era uma "memória" de ficção. Mas a descrição de seu estupro homossexual era tão mais intensa e surpreendente que a maioria das outras cenas que os leitores supuseram que fosse tão factual quanto o restante do livro.

Então, em 1990, publicou-se *The Golden Warrior* [O guerreiro de ouro], uma biografia que citava registros de guerra segundo os quais T. E. Lawrence e outro oficial encontravam-se em Aqaba, a 650 quilômetros de Deraa, na noite de 21 para 22 de novembro de 1917.

Assim, a cena mais famosa do livro pode muito bem ter sido imaginada, fantasiada ou ao menos alterada em alguma medida. Mesmo que a história não tenha sido realmente vivida por Lawrence, ou vivida completamente, ou vivida completamente em um lugar específico em dois dias determinados, claramente ela fez parte do contexto da vida dele. Foi, no mínimo, o que ele *desejou* ter vivido.

Na verdade, sabemos agora que Lawrence *vivenciou* essa cena em vários momentos de sua vida posterior. Ele viveu essa história nas "festas de flagelação", nas quais os homens se reuniam em salas fechadas para chicotear-se mutuamente até um estado de êxtase; viveu-a com um empregado; viveu-a repetidamente porque não tinha escolha a não ser vivê-la repetidamente. Sabemos agora que o grande Lawrence da Arábia, o herói de guerra cujo lema era "sem prisioneiros!", o ícone de costas eretas montado em um camelo, o símbolo de um Império Britânico onde o sol nunca se punha, era um pervertido.

*Pervertido*? Essa é uma palavra pesada e talvez surpreendente, mas há um motivo para que seja usada aqui. Ela traz um significado crítico que, pelo menos nas profissões da área de saúde mental, não tinha a princípio e ainda não tem. Por toda a sua reverberação como palavra, *perversão* ainda sugere uma reversão da norma e o uso da palavra ainda reforça a idéia de que uma perversão é um afastamento radical de uma parte da sexualidade que é comum a todos.

Essa parte é a agressão. Ela não precisa ser o elemento básico da identidade sexual de uma pessoa ou de um encontro sexual. Mas a agressão é um elemento necessário, porque, do mesmo modo que o sexo requer cooperação, também exige um conflito.

A agressão existe em um *continuum*: ninguém ocupa qualquer um dos extremos. Ninguém é puramente passivo ou totalmente agressivo. Como escreveu um famoso psicanalista, a respeito da agressão na sexualidade: "Muitas vezes é um sussurro, não um urro e é apenas uma parte, não o todo". Contudo, sempre é uma presença. A agressão no sexo tem um nome específico: sadomasoquismo.

A idéia parece completamente revertida no início, uma curva de 180 graus em relação à ternura. Como pode um ato de amor, algo que chamamos de "fazer amor", também ser um ato de agressão, de eu *versus* você? A agressão, apesar de suas associações comuns, não precisa implicar uma distância emocional entre as pessoas. Mesmo no encontro sexual mais amoroso, a agressão e seus elementos duplos de sadismo e masoquismo, de fato, somam-se ao sentimento de ternura.

Isso acontece porque, no nível mais básico, o sexo cruza o limite corporal. No sexo, a protuberância de uma pessoa penetra nas aberturas de outra e, mesmo quando isto é feito com consentimento mútuo explícito, ainda é uma violação literal. O corpo experimenta o objeto (pênis, mamilos, dedos, boca etc.) como intruso e decide aceitá-lo ou não. Talvez ele desfrute dessas sensações ou talvez experimente tensão e resistência, um fechamento de todas as passagens. Talvez ele incorpore a resistência e a submissão, como uma ampliação da excitação sexual.

As pessoas às vezes comentam que durante o sexo esquecem de quem é o corpo. Isso faz sentido. Da dependência mútua emerge, mesmo que apenas por um instante, um ser independente. Masculino e feminino, agressor e agredido, penetrador e penetrado, sádico e masoquista: todos os rótulos que foram atribuídos aos amantes desaparecem de repente no abrasante calor da paixão erótica. O famoso "animal de duas costas" de Shakespeare torna-se, na verdade, *um* só ente.

Então, esse é o êxtase ou, pelo menos, algo bem semelhante. Pode ser fácil imaginar como esse estado poderia transformar-se no foco dos desejos de qualquer amante. O nível que os parceiros sexuais atingem e as variações de agressão que eles experimentam a fim de atingir esses estados não precisam ser conscientes. De fato, todos os dias, milhões de casais vão para a cama sem parar nem por um segundo para pensar nos comportamentos agressivos que manifestam no auge da intimidade.

Mas, se um casal parar para pensar em seu comportamento, irá dar-se conta do grau de agressão envolvido e alterar um pouco suas atividades sexuais, a fim de se adequar ao clima. Ele pode incorporar um pouco de submissão – prender um dos parceiros à cabeceira da cama, usar uma venda ou ser espancado. Para essas pessoas, a voz da agressão pode ser um pouco mais alta que um "sussurro". Pode ser uma voz que escutem conscientemente e que estejam dispostas a escutar. Mas também podem optar por ignorá-la; a escolha é delas.

Não é assim para os que têm uma perversão. Com certeza, essa voz pode não ser o *único* som que ouvem. As pessoas que precisam ser chicoteadas o tempo todo para sentir prazer, ou que precisam ser sádicas com as outras, ou que se masturbam com bichinhos de pelúcia, ou que têm relações sexuais com animais de verdade, ou que ficam excitadas com crianças, ou que precisam expor seus genitais a estranhos, ou que tenham qualquer outra perversão muitas vezes podem, na verdade, envolver-se em sexo "normal". Elas podem ter um desempenho tão bom quanto o de qualquer outra pessoa e seus parceiros as consideram perfeitamente "boas na cama". Mas sua vida secreta gira em torno do fato de que o sexo "normal" não *as* envolve. Esse tipo de sexo é uma fagulha diminuta em comparação à enorme chama de sua perversão. Para elas, o sexo "normal" nunca é um "rugido".

Antônio, 26 anos, gosta de sapatos. Na verdade, ele sempre acompanhava as namoradas nas compras para ajudá-las a escolher sapatos. Ele sempre fazia as escolhas certas e suas namoradas e até as amigas delas tendiam a considerá-lo como um tipo de herói. Afinal de contas, a maioria dos homens reclama quando tem de acompanhar uma mulher às compras. Antônio não só ia animado e de boa vontade, como também era um especialista. Ele reconhecia de longe um bom par de sapatos de grife.

No entanto, Cátia, sua nova namorada, logo entendeu que o interesse dele por sapatos femininos ia além de questões de estilo e vontade de ajudar. De vez em quando, Antônio a convencia a usar apenas "os sapatos mais *sexy*, de saltos mais altos", e fazer amor com ele. Cátia contou que isso lhe lembrava um episódio de um seriado em que a personagem principal entrava em uma loja de sapatos e ficava namorando um par de sapatos caros. O vendedor concordou em lhe dar os sapatos se ela permitisse que ele tocasse e massageasse seus pés. Quanto mais ela deixava que ele os massageasse, mais sapatos ganhava. Antônio riu com Cátia quando ela lhe contou o episódio. Mas havia algo de diferente em Antônio e ele sabia disso. Ele pôde ver o olhar de estranheza de Cátia, sentir as reservas dela e, em conseqüência, fazer sexo com saltos altos não era tão gratificante como ele achava que poderia ser. Depois de algum tempo, ele parou de pedir isso e não teve mais fantasias com sapatos junto com Cátia.

E as fantasias com sapatos? Antônio não se entregava a elas. Afinal de contas, ele não era um "pervertido". Mas é verdade que ele pensava em sapatos. Em saltos-agulha para ser exato. Em sua agudeza. Esses saltos podiam ser uma arma: podiam paralisar um homem. Mas também estorvavam quem os usava. Podiam tornar essa mulher tão submissa quanto uma chinesa com os pés amarrados. Na verdade, Antônio havia fantasiado sobre sapatos e pés femininos desde que tinha 13 anos. Ele e sua irmã mais nova às vezes faziam um jogo em que ela punha os sapatos de salto alto da mãe e andava nas costas de Toby até que ele pedisse arrego. Era um tipo de concurso para ver quem era mais durão. Algumas vezes, a irmã ganhava; outras vezes, ele ganhava.

Eles sempre tiveram um relacionamento intenso. Ela era loira, sarcástica e fascinante. Quando eram mais novos, tiravam cochilos juntos; ele lembrava do prazer inacreditável ao sentir a cabeça da irmã sobre seu ombro, a respiração dela tocando suavemente seu pescoço, fazendo com que ele tremesse por dentro com uma sensação estranha e estimulante. A casa era muito animada, faziam muitas coisas juntos: lutas de travesseiros, trocas de roupas para ir nadar, idas secretas até a cozinha no meio da noite. A mãe deles sabia da intensidade do relacionamento entre irmão e irmã e divertia-se com isso; ela própria era loira e poderosa e deixava que Antônio às vezes acendesse os cigarros que ela fumava com piteiras elegantes. A feminilidade na casa era tão palpável como um perfume e Antônio não se cansava disso. Como homem feito, ele percebia que, com o tempo, suas primeiras lembranças haviam aumentado em força e clareza e se reunido em um tipo de unidade, resultando em uma tremenda excitação que era indescritivelmente emocionante, mas também era vergonhosa. Ele via a irmã, a mãe, um par de sapatos. Lembrava-se de ser pisado e da forma desses sapatos, do deslumbramento que lhe inspiravam, do êxtase impotente.

Certo fim de semana, quando Cátia estava fora visitando a irmã, Antônio pegou um par de sapatos no armário dela. Ele havia tomado algumas cervejas, como depois me contou; sentia-se solto e desinibido. Logo estava na cama, esfregando um dos sapatos contra sua virilha. Ele ejaculou no sapato, muito mais rápido que gostaria e depois passou o resto da noite encabulado, tentando remover as manchas do couro preto.

Mas Antônio não podia negar que a experiência fora excitante e a sensação fora deliciosa. Ele não conseguia parar de pensar sobre essa noite. Era como se o sapato estivesse apenas esperando ser pego e usado desse modo específico. Ele só foi lento para perceber as possibilidades. Por que voltar ao sexo comum? Era tedioso. Sapatos: ele os visualizava enquanto estava sentado a sua mesa, no trabalho; enquanto andava de metrô; enquanto estava deitado na cama, no escuro, sem tocar em Cátia, deitada a seu lado. A forma deles, seu arco, a boca aberta de um sapato vazio, esperando apenas ser preenchido pelo pé de uma mulher ou pelo pênis dele.

O rugido na cabeça de Antônio deve ter sido muito alto. Afinal, o rugido na cabeça dos que levam a vida secreta do pervertido é sempre ensurdecedor. Por esse motivo, ele é também dominador. Eles só conseguem ouvir o rugido e o rugido é tudo que eles são.

O rugido é metafórico; os que "o ouvem" não precisam colocar as mãos sobre os ouvidos para minimizá-lo. Mas, figurativamente, é exatamente isso que fazem. A agressão que corporificam é tão extrema que cria a impressão de que, se for liberada, pode devorar qualquer um que surja em seu caminho (e, algumas raras vezes, faz exatamente isso, como no caso da personagem de ficção Hannibal," o canibal" Lecter, no filme de 1991, *O Silêncio dos Inocentes* (Jonathan Demme, EUA, Vision), e no caso de alguns assassinos em série). A vida secreta do pervertido é composta de agressão, o tempo todo.

Por isso, ela requer controle ininterrupto. Os pervertidos passam a vida arquitetando os controles mais elaborados possíveis com o que quer que esteja disponível, como construir uma gaiola de bambu para King Kong ou tentar matar a tiros o Superman. A perversão não é um aspecto da existência da pessoa, uma parte de seu repertório sexual, um toque picante para compartilhar com um parceiro aventureiro. A perversão é uma necessidade. Ela consome. Ela é "uma preocupação central na existência da pessoa", conforme as palavras de um psicanalista que tem escrito sobre o assunto. A perversão é o que o pervertido precisa fazer, é o que ele precisa fazer logo, é o que precisa fazer repetidas vezes e é o que precisa fazer de uma maneira específica. Não existe a opção de não fazer.

Os pervertidos tendem a pensar que existem fora dos limites da sociedade "normal" – e isso é fato. Ao contrário das ações repetitivas e compulsivas de alguém que lava as mãos cronicamente, que servem ao suposto propósito de corrigir um erro, uma perversão serve ao suposto propósito de *ser* um erro. Mas é a natureza repetitiva do comportamento – a necessidade de fazer a mesma coisa da mesma maneira repetidas vezes – que expõe a mentira da ilegalidade dos pervertidos. Mesmo que tentem engaiolar sua agressão, a perversão os aprisiona.

No livro de memórias, lançado em 2004, *A Entrega: Memórias Eróticas* (publicado no Brasil pela Objetiva), Toni Bentley, uma ex-bailarina do New York City Ballet, detalhou seu longo envolvimento e sua fascinação com o sexo anal. Bentley é admiravelmente honesta em todo o livro. Ela admite que, ao ser penetrada por via anal, na verdade estava tentando libertar-se de restrições psicológicas que começaram na infância com um pai exigente e continuaram durante as décadas de extraordinária punição física que é necessária para ser uma bailarina profissional. Mas o quanto ela era livre? Quando ela iniciava um relacionamento com alguém a quem chama apenas de "Um Homem", eles nunca iam a nenhum lugar nem faziam muitas coisas, a não ser praticar sodomia, depois do que ela guardava as camisinhas usadas e somava o número de vezes em que foi penetrada por via anal. Com todo o seu suposto hedonismo, ela ainda tinha de conter – literalmente, colocar dentro de uma caixa – os resultados de sua agressão.

De certo modo, a perversão é o oposto da intimidade. Não é que Antônio, por exemplo, não pudesse continuar a fazer sexo com Cátia. Ele continuou. Mas o sexo com a namorada de carne e osso perdeu o significado para ele. Não é de surpreender que eles tenham terminado pouco tempo depois do primeiro encontro de Antônio com um sapato. Cátia havia reclamado de que, embora sempre tivesse percebido uma certa distância emocional enquanto faziam amor, ela sempre esperara que isso melhorasse e eles se aproximassem. Mas ultimamente, disse ela, durante os momentos mais íntimos, Antônio sempre parecia estar "em outro lugar". E estava mesmo.

Para o pervertido, um parceiro sexual não é alguém com quem se possa abrir-se, não é alguém com quem se possa compartilhar os segredos mais íntimos. É alguém para controlar a fim de que os segredos *não* escapem. Ou, ainda melhor, não é tanto alguém para controlar, mas *algo* para controlar. É um objeto que, com certeza, irá fazer a mesma coisa repetidas vezes, exatamente da mesma maneira.

O exemplo literário mais famoso de perversão pode ser encontrado no romance de Vladimir Nabokov, *Lolita* (publicado no Brasil por várias editoras), que capta de modo preciso o perigo de incluir a natureza humana em um relacionamento pervertido. No início da história, o enfadado professor universitário de meia-idade e pedófilo, Humbert Humbert (o próprio nome sugere uma dupla identidade, como observaram gerações de críticos literários), busca um lugar para morar. Fica tão cego de amor por uma garota pré-adolescente enquanto procura uma casa que aluga um quarto na casa da mãe dela. Depois que esta morre atropelada, ele leva Lolita para uma viagem tortuosa de carro através dos Estados Unidos, a fim de tê-la só para si.

É o paraíso – ou, pelo menos, isso é o que pensa Humbert Humbert. Mas, depois, Lolita faz o impensável: ela fica mais velha. Ela passa de pré-adolescente a adolescente. Transforma-se em uma adulta. Torna-se *humana*: impaciente com suas atenções constantes, entediada com a repetição. Ela escapa ao controle de Humbert Humbert – e perder o controle de um objeto é intolerável para o perverso. O tempo passa, como sempre acontece, e, quando Humbert Humbert encontra Lolita de novo, ela se apaixonou, casou-se e está grávida. *Como ousa*?

Talvez seja melhor encontrar um parceiro confiável e previsível, mesmo que inanimado. (Essa linha de raciocínio nem sempre leva à necrofilia, embora isso possa acontecer em casos extremos.) Embora os pervertidos possam transformar os outros em objetos, como Deus transformou a mulher de Ló em uma estátua de sal, às vezes escolhem rejeitar totalmente os parceiros humanos. Eles redirecionam a agressão, afastando-a de uma pessoa e voltando-a a alguma *coisa* que combine com as exigências específicas. Essa coisa é o que chamamos de fetiche.

No caso de Antônio, era o sapato. No caso de T. E. Lawrence, era o chicote. Em *Os Sete Pilares da Sabedoria*, quando Lawrence descreve o chicote que (supostamente) rasgou sua pele, na noite de 21 para 22 de novembro de 1917, ele o faz com detalhes extraordinários, considerando-se que era um objeto do qual ele devia estar se esquivando em vez de estudando para discussão posterior. Era, ele escreveu, "um chicote do tipo circassiano, uma correia flexível de couro negro, arredondada, que se afilava desde a grossura de um polegar, no cabo (que tinha acabamento de prata), até uma ponta dura, mais fina que um lápis". Ele continuou a relatar como as chicotadas geraram "um calor delicioso, provavelmente sexual", que se espalhava por seu corpo e o modo como o cabo "levantou seu braço e cortou minha virilha com toda a extensão de seu chicote".

No caso desse fetichista específico, em nível literal, e para os pervertidos em geral, em nível psicológico, a perversão é um substituto para o sexo. Tudo indica que Lawrence nunca teve uma relação íntima em sua vida. Teorizou-se que ele pode ter sido um homossexual secreto, mas seu amigo Vyvyan Richards (que o amava sem ser correspondido) escreveu que Lawrence não possuía nenhuma "carnalidade". O próprio Lawrence escreveu que nunca poderia imaginar ter sexo com outros homens. Em relação a sexo com mulheres, Lawrence admitiu que nunca havia se envolvido com isso, nem o desejava. Ele não tinha o impulso de tocar outra criatura.

Se as perversões são uma paródia da ilegalidade e, talvez, uma paródia do sexo, propõe-se uma questão: em benefício de quem as paródias são desempenhadas?

Algumas vezes o público está literalmente presente. Susana, vocalista de uma banda de rock, estava na estrada havia anos. A banda sempre estava a ponto de estourar, mas isso nunca se concretizou. Tocava em boates pequenas e barulhentas em várias cidades e, embora não fosse famosa, tinha uma certa reputação. Susana, em particular, tinha um certo nome. Ela seguia o estilo de Courtney Love: barulhenta, confusa, vulgar, espalhafatosa. Às vezes, algum fã a esperava na frente do palco depois de um show e vinha conversar, na expectativa de sair com ela. De vez em quando, se o homem fosse atraente, ela saía com ele. Mas nunca eram "encontros". Susana gostava de fazer sexo com o homem em algum lugar próximo: muitas vezes no ônibus da banda, que não proporcionava nenhuma privacidade aos passageiros. Os outros integrantes da banda tentavam fingir que não ouviam nem viam o casal que se dirigia para os assentos do fundo, embora, pela proximidade, isso fosse quase impossível. Susana sabia disso.

Esse era o xis da questão. De vez em quando, um dos membros da banda dizia-lhe para "ir a um motel", mas Susana sabia que nunca faria isso. No caso dela, a natureza pública desse tipo de sexo consistia em boa parte da excitação. A idéia de ir a um motel com um estranho não tinha nenhum atrativo. Ainda pior: parecia errada. O tipo de sexo de que gostava – rápido, furioso, anônimo, barulhento – só era excitante se fosse aberto e feito diante do maior número possível de pessoas. Era como estar no palco, segurando o microfone e gritando letras sobre amor, mas era melhor.

O exibicionismo é uma perversão em que a fantasia que consome e precisa ser atuada requer que o corpo seja mostrado. O "show" pode consistir apenas nos órgãos sexuais ou incluir órgãos sexuais desempenhando o ato sexual. De qualquer modo, é um *show*. Não é algo compartilhado com um participante presente e ativo. É algo a ser concedido a um público imaginário passivo. Sem os espectadores, o sexo não tem significado, no caso de Susana.

Mesmo que não haja um público literalmente presente, ainda é preciso que exista um, mesmo que só na imaginação, para que o ato pervertido tenha significado. Talvez a frase mais reveladora no relato de T. E. Lawrence sobre o estupro não tenha nada a ver com o chicote nem com a dor, mas com a descrição de si mesmo no momento crucial: "eu me havia forçado a aprender toda a dor até morrer e, *não mais ator, mas espectador,* pensei que não me importava com o modo com que meu corpo contorcia-se e gritava" (itálicos meus).

Um estupro homossexual não era um assunto adequado para uma conversa na Grã-Bretanha nos anos 1920, mas Lawrence assegurou-se de incluir sua experiência, com detalhes amorosos. Ele queria que os leitores vissem o que ele vira: um homem dobrado, arrebentado. Mais ainda, ele queria ver o que vira – queria acreditar na imagem que evocava. Para Lawrence, todo o mundo *era* de fato seu palco.

A realização de um ato pervertido é sempre um ato de ilusão. Na superfície, a fantasia parece revelar uma natureza fogosa. Mas, na verdade, ela é criada para ocultar uma verdade mais profunda. A mensagem explícita do exibicionista é: "Olhe meus genitais. Não são maravilhosos?". E a mensagem oculta é: "Temo que meus genitais estejam estragados, não valham nada, sejam inúteis". A mensagem explícita do *voyeur* é: "Gosto de olhar. Sou uma presença passiva". A mensagem oculta é: "Quero invadir essa cena. Quero fazer isto, isso e *aquilo*".

A mensagem explícita do pervertido é: "Anseio pela consumação". O significado oculto – *o segredo* – é: "Não consigo lidar com a intimidade". A perversão domina a vida, e o mesmo ocorre com o desempenho, com a ilusão e com a incapacidade de alcançar intimidade – não só com um parceiro sexual, mas com qualquer pessoa.

A ilusão entrou cedo na vida de Lawrence. Em tenra idade ele soube que seus pais não eram quem pareciam ser. Seu pai se chamava Thomas Chapman, e sua mãe, Sarah, trabalhava na casa dele como preceptora de suas filhas – filhas de Thomas com outra mulher, sua primeira esposa. O novo casal, Thomas e Sarah, vivia em desgraça social, assumiu o sobrenome Lawrence e teve cinco filhos, dos quais Thomas Edward era o segundo.

Ao mudar o nome, os Lawrence tentaram mudar a verdade sobre si mesmos. Com o tempo, o filho deles também experimentou alterar as percepções de si mesmo. Mas o que exatamente ele tentava disfarçar tão desesperadamente? Para T. E. Lawrence, a fonte do profundo conflito não resolvido em relação à agressão pode ter sido seu relacionamento com a mãe. Ela era cruel e batia-lhe regularmente nas nádegas. Lawrence, por sua vez, era voluntarioso. E assim, com regularidade, a força irresistível encontrava o objeto imóvel. Quanto mais ele resistia à autoridade, mais ela lhe batia e vice-versa. Do ponto de vista psicológico, o comportamento dela comunicava mais que punição ao filho. Era uma mensagem de posse: *eu possuo você e posso controlar suas emoções voláteis por meio da manipulação da dor.* Um menino, cuja mãe o possua, bem pode crescer para ser um homem que não se entrega emocionalmente a mulheres ou, se for homossexual, a homens. Esse homem pode usar seus sentimentos de raiva impotente para rebelar-se contra a autoridade – no caso de Lawrence, para tornar-se o líder de uma revolta abafada. E, então, essa posição pode tornar-se sexualizada, terminando, como no caso de Lawrence, com fantasias de estupro e com o próprio estupro. Esse homem permanece emocionalmente separado das outras pessoas – quer acima, quer abaixo delas – ou as evita totalmente.

Lawrence, um militar, respondeu à idéia de "rigor"; um certo ascetismo influenciou diversos aspectos de sua vida. Com freqüência, seus sucessos eram seguidos por episódios de autonegação, como se para negar suas realizações. No final de outubro de 1918, ele foi até o rei George V para receber duas das mais elevadas honrarias do império, mas recusou-as no último momento. O atônito rei comentou que fora deixado com "a caixa nas mãos".

Lawrence perseguiu sua perversão até o fim da Terra ou foi ela que o seguiu? Conforme ela passou a dominar sua vida, sua tentativa de autonegação acabou por tomar uma forma mais extrema: auto-aniquilação. Em agosto de 1922, ele adotou o nome de John Hume Ross e alistou-se na Força Aérea Real. Quatro meses depois, quando um jornal descobriu sua identidade secreta, ele não teve outra alternativa a não ser retornar à vida civil. Todavia, continuou a ser T. E. Lawrence, mas apenas por um breve período. Em março de 1923, ele desapareceu novamente. Surgiu com o nome de T. E. Shaw e alistou-se no Corpo Real de Tanques. Ele persuadiu um amigo a acompanhá-lo na vida militar: o papel de John Bruce era recolher galhos de vidoeiro e chicotear "Shaw". Por quê? Porque "Shaw" tinha se comportado mal, segundo inúmeras "cartas" supostamente escritas por um amigo íntimo. "Shaw" claramente merecia ser punido e estava disposto a aceitar a punição. Ao final da flagelação de cada noite, Lawrence dizia a Bruce: "Obrigado. Bom trabalho".

Ao contrário de Charles Lindbergh, T. E. Lawrence não adotou um pseudônimo em uma área gratificante de sua vida, continuando a ser uma figura heróica para o mundo. Ele realmente tentou *remover* Lawrence da Arábia do mundo. Em certo grau, sua segunda tentativa foi bem-sucedida: em 1927, depois de viver informalmente sob o nome de T. E. Shaw, ele mudou de nome legalmente.

Mas ninguém podia tomar Lawrence por um homem humilde ou passivo. Ele publicou um extenso relato de suas explorações e, naquele livro, revelou abertamente as crueldades do combate – crueldades que podiam facilmente superar a necessidade da situação. No capítulo inicial de *Os Sete Pilares da Sabedoria,* ele escreveu: "O sangue estava sempre em nossas mãos; tínhamos autorização para isso".

> Os ferimentos e a morte pareciam dores efêmeras, tão breve e dolorosa era a vida que levávamos. Como o pesar de viver era muito grande, o pesar da punição tinha de ser impiedoso. Vivíamos para o dia e morríamos por ele. Quando havia razão e desejo de punir, escrevíamos imediatamente nossa lição com pistola ou chicote na carne sombria do sofredor e não havia apelo possível. O deserto não permitia as lentas e refinadas penalidades dos tribunais e das galés.

Não é preciso ler nas entrelinhas para ver quem era Lawrence. As linhas *estão* aqui para serem lidas pelo mundo. A figura sádica da agressão sem limites é quem T. E. Lawrence mais temia ser e a figura masoquista da impotência – o rapaz em prantos que merecia o chicote – era como ele queria ver a si mesmo.

Certa vez, a senhora George Bernard Shaw disse que seu bom amigo T. E. Lawrence era "um mentiroso *infernal*!". Todavia, seu marido (supostamente a inspiração para o sobrenome que Lawrence acabou por adotar legalmente) via o amigo com outros olhos: "Ele não era um mentiroso, era um ator".

O próprio Lawrence exprimiu-o melhor. "A história não é feita de verdades, então por que se preocupar? Em geral, prefiro mentiras a verdades, especialmente quando me dizem respeito." Contudo, as pessoas tendem a querer a verdade sobre as outras pessoas, não mentiras. As pessoas querem respostas. Elas querem saber os segredos das outras. Querem intimidade. É por isso que o perverso prefere as pessoas objetificadas ou os próprios objetos. Os objetos não querem saber os segredos, não anseiam por intimidade. Eles simplesmente ficam ali e aceitam o que venha a lhes acontecer.

# 7

# A Vida Secreta do Dependente

*Olá, meu nome é ................ e eu sou um alcoólatra.*
—5 mil grupos de recuperação de alcoólatras no Brasil, 2006

Eduardo cresceu sabendo que um dia herdaria o negócio de equipamentos esportivos de seu pai e o filho de Eduardo cresceu sabendo que um dia herdaria o negócio da família. Isso é o que define um negócio de família. E, quando chegou o dia em que Eduardo teve de passar as operações cotidianas do negócio para seu filho, ele o fez diante de cerca de trinta funcionários, na área de recepção do escritório da loja matriz. Depois disse: "É claro que não vou a lugar algum. Vocês vão ter de me tirar daqui em uma caixa".

Todos riram. Todos sabiam que Eduardo *era* a Artigos Esportivos Eduardo, mesmo que o Eduardo no nome da empresa tivesse sido o pai dele. O negócio havia começado como uma única loja nos anos 1930 e, desde que Eduardo assumira o negócio, nos anos 1950, este se expandira para um império de dezesseis lojas que se espalhavam pela região. Durante esses anos, ele havia aprovado pessoalmente cada linha dos anúncios da empresa nos jornais locais e também no rádio e na TV. Eduardo fez viagens internacionais para fechar negócios com atacadistas de Taiwan, Düsseldorf e Leningrado, na época em que essa cidade ainda era conhecida por esse nome. Eduardo procurou pessoalmente locais para novas lojas, enfiou pás simbólicas no solo e pagou propina a políticos e gangues.

Agora era a vez de seu filho personificar a Artigos Esportivos Eduardo, uma empresa em plena forma, como deveria ser. Eduardo mudou-se para uma sala ao lado do escritório que ocupara por quase quarenta anos, manteve sua secretária e, às vezes, o filho vinha pedir-lhe conselhos. Mas a mudança era clara. Pela primeira vez em sua vida, Eduardo sentia-se dispensável. Começou a chegar mais tarde, a sair mais cedo e a demorar mais no almoço. Nos velhos tempos, ele nunca bebia no almoço, pois não queria perder sua agudeza competitiva, como costumava dizer. Mas, agora, qual seria o problema? Então, ele pedia um gim-tônica, voltava ao escritório um pouco confuso e sonolento e, não muito depois, voltava para casa.

Os coquetéis sempre eram servidos às 6 horas da tarde, mas agora que chegava mais cedo em casa, preparava os drinques às 5 horas para ele e para a esposa e ambos sentavam-se na biblioteca junto à janela, com salgadinhos em uma mesinha próxima, e conversavam sobre o dia. Depois de algum tempo, Eduardo perguntava se a esposa queria outro drinque, ela dizia que não, mas ele preparava outro e tomava. Mais tarde, um empregado vinha anunciar o jantar, que sempre era acompanhado por vinho. Na maioria das noites, Eduardo não conseguia manter os olhos abertos depois das 8 horas.

Eduardo reparou que estava bebendo mais, porém, na verdade, o gim-tônica na hora do almoço aliviava a dor de voltar a uma mesa vazia. Não demorou muito para que ele descobrisse que dois gins-tônicas funcionavam muito melhor. Ao final do primeiro ano de aposentadoria, Eduardo bebia três gins-tônicas e não voltava mais ao escritório depois do almoço. Além disso, os coquetéis agora eram servidos assim que chegava em casa.

Ele mantinha as aparências ou pensava que o fazia. Na verdade, seu rosto estava ficando manchado, mas essa descoloração bem podia ser causada pelo envelhecimento. Algumas vezes, ele pensava ver um garçom ou porteiro olhando atentamente para ele, como se estivesse cambaleando ao andar e, para ser sincero, às vezes isso acontecia. "Deixe que olhem", era o que ele pensava. Aliás, que lhe importavam o suspiro do filho no escritório, a muda reprovação da esposa na mesa de jantar, a hesitação da nora ao telefone quando ele sugeriu que podia tomar conta da neta? Ele trabalhara duro em todos os dias de sua vida, desde os 15 anos; havia conquistado o direito de se divertir um pouco de vez em quando. Se não fosse agora, quando seria?

"*Você* vai ser Artigos Esportivos Eduardo algum dia?", ele murmurara para Estela, a neta de 2 anos, em uma tarde chuvosa de sábado, enquanto olhava para ela no quarto de hóspedes. Eduardo estava brincando com ela desde que os pais a deixaram com os avós de manhã, enquanto iam a um casamento em uma cidade próxima, e agora ele finalmente a convencera a dormir um pouco. Ela acabara de adormecer, aconchegada na colcha de crochê. Eduardo saiu do quarto, desceu até a biblioteca e preparou um drinque. Era o primeiro do dia: ele se abstivera até então porque a esposa estava fora em um leilão beneficente e ele queria estar alerta para cuidar da neta. Mas agora Estela estava dormindo e, certamente, depois de brincar de trepar e escorregar por duas horas seguidas, ele merecia algum tipo de recompensa. Ele preparou um drinque duplo, sentou-se em sua poltrona favorita na janela que dava para o rio e tomou um gole.

Naquela noite, ele foi acordado pelos gritos de sua nora. Por um instante, não se lembrou de quem era, de que sua nora estava ali e do que os gritos dela significavam. Ela gritava com ele – com Eduardo. Dizia algo sobre ter chegado ao apartamento e encontrado Estela no meio da cama, com a fralda molhada e vazando, chorando no escuro. Ela dizia: "*Como você pôde fazer isso? Como pôde fazer isso com Estela? Como pôde fazer isso comigo, sua nora?*".

E depois, com os olhos secos, costas eretas e com um tom que, por algum motivo, assustou Eduardo, ela disse: "Como pôde fazer isso consigo mesmo?".

Os Alcoólicos Anônimos foram fundados no Dia das Mães, em 1935, em Akron, Ohio. Bill Wilson, um corretor de Nova York que parou de beber, foi chamado por um amigo para tentar ajudar um cirurgião que fora demitido do hospital e que, devido ao hábito da bebida, corria o risco de perder a autorização para clinicar. Wilson chegou à casa do cirurgião às 17 horas, pensando em ter uma conversa rápida. Mas os dois conversaram até às 23 horas. Wilson fazia palestras sobre os males da bebida com um zelo evangélico, mas nessa noite ele mudou seu modo de pensar a respeito dessa abordagem. Em vez de dizer que estava ali para ajudar, Wilson descobriu-se dizendo ao cirurgião que *ele* também precisava de auxílio. Depois Wilson escreveu: "Nossa conversa foi mútua. Eu não estava pregando. Sabia que precisava desse alcoólico tanto quanto ele precisava de mim. *Esse era o xis da questão*".

No início dos anos 1950, os Alcoólicos Anônimos tinham mais de 100 mil alcoólicos em recuperação por todos os Estados Unidos. Atualmente, há mais de 100 mil grupos de Alcoólicos Anônimos por todo o mundo. Praticamente desde o início, a organização expandiu-se em duas extensões naturais de seu conceito: Al-Anon, para os familiares dos alcoólicos, e Narcóticos Anônimos, para os dependentes de drogas. Mas, no decorrer das décadas, os Alcoólicos Anônimos também deram origem a mais de 600 grupos com o modelo de 12 passos e, atualmente, o selo "Anônimos" engloba cleptomaníacos, devedores, pacientes de câncer, vítimas de violência doméstica, pessoas com distúrbio de déficit de atenção, depressivos e até mesmo artistas com bloqueio.

É claro que nem todos esses grupos lidam com dependências. Muitos simplesmente tomaram de empréstimo o modelo dos 12 passos ou o conceito de anonimato. Ainda assim, os números dão uma idéia de como o conceito de grupos de auto-ajuda é prevalente. A era dos dependentes sem grupos de auto-ajuda parece tão remota hoje como o Dia das Mães em Akron, Ohio, em 1935.

Mas o estigma ainda existe. O desejo de permanecer anônimo é, por si mesmo, uma indicação de que a sociedade não aceita totalmente a dependência, mesmo que os dependentes admitam que têm um problema e estejam buscando ajuda. Embora grande parte da sociedade concorde que a dependência é uma doença, com freqüência ela ainda é interpretada, talvez involuntariamente, como uma fraqueza moral ou emocional. Ser dependente, vulnerável ou não ter autodisciplina são atributos negativos em nossa sociedade. Chegar de ressaca a uma reunião de trabalho às 9 horas da manhã pode fazer com que você seja enviado ao departamento de Recursos Humanos – ou demitido.

Outro elemento do problema é o próprio senso de vergonha do dependente. O fato de a atitude e as interpretações que a sociedade tem diante da dependência serem sólidas do ponto de vista médico é irrelevante em relação ao modo como os dependentes vêem-se, antes ou depois de aceitar a dependência como um fato de sua vida. O julgamento que a sociedade faz do indivíduo é aquele que o indivíduo também tende a aceitar, pelo menos em algum grau. Isso se comprova no caso de homossexuais que, caso contrário, poderiam estar perfeitamente à vontade com a própria orientação sexual.

Por esses dois motivos – desaprovação externa e vergonha interna – os dependentes, por natureza, são veteranos em guardar segredos. Como sempre acontece em uma vida secreta, os dependentes esforçam-se bastante para ocultar seu segredo do resto do mundo. Mas, como *nem* sempre é o caso em uma vida secreta, os dependentes também se esforçam bastante para ocultar sua dependência deles próprios.

Eles fazem isso por meio da negação. Muitos dependentes simplesmente não conseguem admitir que são dependentes. É por isso que o primeiro dos 12 passos do programa de recuperação dos Alcoólicos Anônimos é a admissão do alcoolismo.

Parte da dificuldade em dar esse primeiro passo é causada pelo fato de que a linha entre alguém que bebe bastante e um alcoólico – ou, de modo geral, entre alguém com um mau hábito e um dependente de substâncias – nem sempre é clara. Se o uso de substâncias torna alguém incapaz de funcionar no trabalho, na escola ou em casa, essa pessoa tem um problema de dependência. Cumpre com as responsabilidades no trabalho, mas negligencia as domésticas? Isso é um sinal de dependência de substâncias. Cuida perfeitamente da casa, mas estoura os prazos no trabalho? Isso também é um sinal. Continua a usar as substâncias mesmo depois de os problemas surgirem – no caso de Eduardo, mesmo depois de ter visto sinais de desaprovação de um porteiro, de um garçom, da esposa, do filho e da nora? Mais sinais de dependência.

Mesmo diante de tantas evidências, os dependentes continuam encontrando fortes motivações para negar a dependência. Afinal de contas, o reino da agitação eterna é um lugar agradável. Existe a invencibilidade de uma dose de cocaína, a pulsação, a descarga de adrenalina no sangue, a sensação de nunca ter estado tão desperto, tão vivo. Existe a lânguida liquidez da heroína, um prazer inicial que beira o êxtase, seguido por horas de desligamento nublado e voluptuoso. Existe a sociabilidade do álcool, o relaxamento da língua e o afrouxamento das inibições, a ilusão de eloqüência e coragem.

O fator de dependência em questão não precisa ser literalmente uma substância. Ele só precisa provocar uma alteração no estado de consciência. Os altos riscos emocionais do jogo podem criar um ciclo próprio de recompensas com a química cerebral, independentemente das quantias em dinheiro envolvidas e mesmo quando a casa está ganhando muito.

Além disso, os vários caminhos para a dependência são (em sua maioria) legais. O álcool é legal. As drogas ilegais, por definição, não o são e, portanto, carregam um nível mais elevado de reprovação social, mesmo que sejam toleradas ou incentivadas em alguns círculos – por exemplo, a cocaína em Hollywood ou os esteróides nos esportes. E o jogo? Cidades inteiras são construídas ao redor dele. Tesouros estaduais são tão dependentes das receitas que vêm das loterias quanto os apostadores que sustentam o hábito fiscal do governo. A mensagem da sociedade para os dependentes não é apenas potencialmente hipócrita, mas permissiva: "Fechamos os olhos a isso: você está apenas se divertindo como todos os demais, mas saiba bem o quanto basta".

No entanto, para um dependente, nunca basta. Ao contrário, demais é a conta certa.

Quando Abigail morava em Nova York, costumava encontrar-se com o mesmo grupo de amigos várias noites por semana: primeiro iam jantar e depois esticavam em bares. Eram jovens, resistentes e faziam exercícios físicos com regularidade. Às 10 da manhã, Abigail conseguia estar na sua mesa no departamento de publicidade de uma importante editora no centro da cidade, quase em plena forma.

Ninguém no grupo de Abigail contava as badaladas do relógio biológico; ninguém estava procurando um homem para se acomodar. Mas quem pode argumentar com o amor? Assim, ela foi a primeira do grupo a se casar, a primeira a ter um filho, a primeira a sair da cidade. Na verdade, isso foi idéia de Cleiton – para ele era fácil, porque ainda ia todos os dias à cidade para trabalhar. Mas Abigail estava enterrada 24 horas por dia, 7 dias por semana, no interior do estado. Então Abigail pediu a sua sogra, que morava a três cidades de distância, que todas as quartas-feiras cuidasse de Clarice. Então Abigail tomava o ônibus para Nova York para se encontrar com seus amigos. Mas não era a mesma coisa. A diversão agora começava ao meio-dia, com almoço, e não jantar. Abigail tinha de ouvir seus amigos falando sobre os clubes em que tinham estado e sobre as promoções que conseguiram no trabalho. Depois de algum tempo, algum deles perguntava educadamente sobre a vida dela, mas o que ela podia dizer? *"Clarice dormiu muito de dia ontem, então esta noite foi um inferno?"* ou talvez *"Clarice odeia brócolis!"*. Além do mais, tendo muito trabalho ou não, todos menos Abigail tinham de voltar a suas mesas em um horário razoável. Algumas vezes uma amiga concordava em "cabular" o trabalho e as duas iam a um barzinho e ficavam até o fim da tarde. Mas, em geral, Abigail perambulava sozinha, às vezes fazia compras ou assistia a um filme, mas sempre parava para um drinque a caminho da rodoviária. Na viagem para casa, ela pensava como logo passaria a noite trocando fraldas e cantando cantigas infantis enquanto os amigos iam continuar o que fora interrompido no almoço. Ela também ia fazer o mesmo. Logo depois de acompanhar a sogra até a porta, Abigail ia até a geladeira, para acabar com o que sobrara da garrafa de vinho branco da noite anterior.

Isso não acontecia só às quartas. Quando Clarice completou 2 anos, Abigail já se aperfeiçoara na rotina de colocá-la no carrinho e andar os 500 metros até a loja de bebidas. Ao chegar à loja, que cheirava a cortiça e tinha um vendedor idoso e gentil, Abigail pegava algumas garrafas e as levava ao balcão. Depois fazia a caminhada de volta e colocava Clarice diante da TV. Não havia nada de mal em deixar uma criança assistir a TV. Pica-pau, Pernalonga e A Turma do Mickey Mouse tornaram-se os melhores amigos de Clarice. Chardonnay tornou-se o melhor amigo de Abigail.

Ela planejou conscientemente um modo de manter em segredo seu hábito de beber. Aprendeu a sorrir docemente para o empregado da loja de bebidas, desestimulava visitas de surpresa da sogra, levava as garrafas vazias para o posto de reciclagem antes de o marido chegar em casa. Mas ela também planejou inconscientemente como negar a realidade para si. Pensava que estava fazendo apenas o que sempre fizera enquanto morava na cidade, que estava fazendo apenas o que seus amigos ainda estavam fazendo, que estava fazendo o que faria se fosse novamente uma solteira sem filhos e dividisse o aluguel de um apartamento de dois quartos. O que ela não admitia era que seu nível de consumo de álcool havia ultrapassado o ponto de retorno – isto é, o ponto em que só lhe restava admitir que era uma alcoólica. Quando um amigo telefonava e ela tinha de tomar muito cuidado para não enrolar as palavras ou quando o marido chegava à noite e reclamava do estado da casa, Abigail certamente sabia que estava bêbada. Mas ela não era *uma bêbada*.

A negação é sempre uma força psicológica poderosa, mas, no caso do dependente, pode ser reforçada por um componente fisiológico. Não demora muito para que o corpo ajuste-se ao novo nível de substâncias químicas, quer tenham sido ingeridas, quer tenham sido produzidas internamente. Todas as substâncias que provocam dependência afetam o fluxo cerebral de dopamina, um mensageiro químico que, com freqüência, comunica prazer por meio de motivação e recompensa. A cocaína, por exemplo, interfere no fluxo de dopamina, aumentando-o e estimulando os mesmos neurônios repetidamente. Como resultado, o usuário vivencia uma sensação de euforia. Mas isso dura apenas cerca de meia hora e os indivíduos que ingerem cocaína com regularidade dizem que precisam de quantidades cada vez maiores para atingir a mesma euforia.

Do mesmo modo que a substância química em questão nem precisa ser uma substância literal para levar a uma alteração do estado de consciência, também não precisa introduzir novas substâncias químicas no corpo. Tudo o que precisa fazer é provocar uma alteração da química cerebral. A ressonância magnética demonstrou, como disse um pesquisador de Neurologia, "que a recompensa monetária em um experimento sobre o jogo produz uma ativação cerebral muito semelhante à observada em um dependente de cocaína que ingira uma dose da droga".

Qualquer que seja a fonte, a euforia passa a exigir cada vez mais para ser mantida: mais substância química ou mais experiência e com mais freqüência. Quando o desejo toma conta, o raciocínio de um dependente, já prejudicado química e neurologicamente, torna-se cada vez menos confiável, algumas vezes a ponto de causar ruína.

Maggie Rizer começou a trabalhar como modelo logo depois de terminar o ensino médio. Sua mãe viu uma reportagem em um programa norte-americano intitulada "Sua filha pode ser uma estrela?" e enviou uma foto de Maggie para a agência de modelos Ford, em Nova York. Não demorou muito para a linda loira, filha de trabalhadores em Watertown, Nova York, ganhar 30 mil dólares por fotos e 20 mil por desfile – fazendo 80 desfiles por ano. Então, certo dia, no início de 2003, aos 25 anos, Maggie se viu arruinada. Seu gerente financeiro – seu padrasto – havia conseguido perder todos os 7 milhões de dólares que ela juntara.

Maggie o contratara a contragosto. Quando chegou em casa certo dia e disse que tinha um consultor financeiro para gerenciar sua nova fortuna, o padrasto disse que estava magoado. Ele perguntou por que ela ia dar 5% de sua renda a um estranho se ele, um veterano do ramo de seguros, sempre soubera lidar com dinheiro. Maggie hesitou e disse a si mesma: "Não dá certo misturar negócios com família". Mas, depois de uma noite insone, concordou com ele.

No início, ele pagava fielmente suas contas, investia em fundos mútuos, comportava-se de modo estritamente profissional. E, então, ele descobriu a Sorte Instantânea.

Era uma loteria totalmente legal, operada pelo governo. Mas, como o nome indicava, envolvia um certo grau de mágica, de ilusão. O jogo era comumente chamado de "crack em vídeo" e, para alguém como John Breen, era irresistível.

Ele já havia superado uma dependência ou assim pensava. O álcool era sua droga de escolha, mas, até onde sabia, havia deixado o problema para trás. Então ele tirou a sorte grande: a carreira de modelo de sua enteada. Todavia, o fato só desencadeou a típica resposta do dependente: Onde está a próxima? Assim, ele tentava descobrir todos os dias no bar mais próximo. Ele ficava ali a tarde toda, preenchendo tíquetes de Sorte Instantânea, cinqüenta por vez, a cada cinco minutos. Mesmo com uma aposta máxima de 10 dólares por tíquete, esse ritmo de apostas podia chegar a 60 mil dólares por semana. Mas ele podia tirar dinheiro da conta da enteada – ou pegar emprestado, como preferia pensar. Não demorou muito para ele preencher cheques que não tinha como pagar, forjar autorizações e resgatar antes do tempo as aplicações para a aposentadoria de Maggie, enquanto, o tempo todo, garantia a si mesmo que iria devolver tudo assim que ganhasse uma bolada.

Fala-se em "chegar ao fundo do poço". Mas o chão de um homem é o teto de outro. Uma vida que para um estranho parece totalmente fora de controle pode ser vista pela pessoa envolvida como gerenciável. Os dependentes costumam perder dinheiro, amigos, casa, família – tudo –, mas a dependência ainda prevalece. Algumas vezes o ciclo é quebrado por algo prático: o fornecedor pára de fazer negócios, o dinheiro acaba. Nesse caso, o ímpeto para a mudança não é tanto o desejo de melhorar, mas a incapacidade de manter a dependência.

Algumas vezes, o desejo de mudar vem de dentro. Foi esse o caso de Eduardo, o magnata dos artigos esportivos. Naquela noite de sábado em que a nora ficou diante dele, criticando-o, ele conseguiu levantar-se da cadeira e sair da biblioteca para o *hall*, onde Estela estava no colo do pai. Não foram os gritos da nora nem o olhar de nojo e raiva do filho que finalmente o tocaram. Foi o terror na face da neta, o modo como ela se afastou dele, enterrando o rostinho no ombro do pai. Foi isso que fez com que Eduardo finalmente dissesse a si mesmo: "Há algo errado comigo".

Para um dependente, essa admissão pode bem ser o início do fim da dependência. O segredo agora se tornou não só de conhecimento público, mas também de conhecimento particular. A muralha de negação começou a desabar e o que surgiu em seu lugar foi a possibilidade de aceitação. Mas o que tornou essa muralha tão alta e sólida? Além da existência da dependência, o que os dependentes empenham-se tanto em negar? O que têm de esconder de si mesmos? Qual é o segredo por trás do segredo?

Achamos que sabemos. Diversos estudos dos casos mais extremos de dependência encontraram um padrão comum, "invariavelmente", nas palavras surpreendentemente definitivas de um pesquisador.

Em um estágio crucial da vida, as crianças precisam dar o passo psicologicamente saudável de aprender a distinguir-se de seus pais. Elas precisam desenvolver um limite do eu – uma linha divisória que as separe de tudo e de todos, não só física, mas também emocional e intelectualmente. Mas os futuros dependentes não concluem esse passo. Seus esforços terminam em frustração. Eles são desestimulados na aprendizagem de que podem ter e têm pensamentos que os pais não podem ter e não têm; pensamentos que, por definição, são secretos; segredos que são, por sua vez, a chave para o desenvolvimento de uma identidade individual. Os dependentes não conseguiram realizar a separação.

Como isso acontece? Talvez um dos pais desestimule os pensamentos de independência, dizendo à criança de 2 anos que ela "na verdade" não tem segredos. Todas as crianças acreditam que os pais podem ler seus pensamentos, mas, nesse caso, a criança *continuará* a acreditar nisso. A criança pode pensar "O que a mamãe vai pensar?" quando um pensamento "ruim" surge em sua mente. A resposta saudável é: "*Vou continuar a pensar nele mesmo assim, porque é o meu pensamento*". A criança cuja busca de independência emocional está sendo distorcida, contudo, irá sentir que a mamãe já sabe do pensamento "ruim" – e, então, é melhor que ela pare de pensar nisso e simplesmente engula tudo. *Segredos? Que segredos? Quem precisa de segredos?*

# 8

# A Vida Secreta do Criminoso

*Roube este livro.*
—Abbie Hoffman (1971)

Começou aos poucos: um par de meias verde-escuras na loja de artigos esportivos, que nem era de seu gosto, mas mesmo assim ela o queria. Ela o queria *à toa,* como se fosse um daqueles itens que ficam perto do caixa e que são comprados por impulso, "só por via das dúvidas". Era um impulso de furtar em lojas, feito sem nenhum pensamento real associado. Depois das meias, foi uma caneta marca-texto que estava junto a muitas canetas idênticas sobre o balcão de uma papelaria. Daiane simplesmente a colocou no bolso enquanto o vendedor estava ocupado com outra cliente.

No fim das contas, Daiane nem usaria essa caneta; ela não tinha nada para marcar. Seus dias de estudante acabaram havia muito tempo. Aos 51 anos, ela era casada e mãe de três filhos adultos que já não moravam com ela. Havia fechado um ciclo na vida e agora era sua vez de cuidar do pai idoso, que acabara de mudar-se de seu apartamento para uma casa de repouso próxima. Nos últimos anos, o ritmo de sua vida fora se acalmando, como costuma acontecer. Seus dias eram calmos e previsíveis, e ela estava grata porque o ninho vazio permitia que passasse mais tempo com o marido, um homem quieto e estranho que ainda a fazia rir.

O bairro de classe média alta em que Daiane e Paulo moravam não era exatamente animado, mas tinha o necessário para um casal de meia-idade. Uma de suas principais características era um enorme *shopping center* que atraía as pessoas das redondezas como Meca atrai os fiéis. Podia-se passar metade do dia ali, tomando um cappuccino em uma das cafeterias na praça de alimentação, entrando e saindo de lojas para comprar algo ou apenas olhando as vitrines.

Daiane nunca foi consumista: sua casa limpíssima não era repleta de bugigangas. Sempre que um amigo lhe dava um presente de decoração, ela suspirava e pensava: "Onde é que vou pôr isto?". Por esse motivo não fazia nenhum sentido ela ter desenvolvido esse hábito cada vez mais irresistível de pegar pequenos itens nas lojas e colocá-los no bolso ou na bolsa, para depois sair alegremente pela porta. Às vezes uma vendedora dizia: "Tenha um bom dia!" e Daiane sorria e dizia até logo, enquanto sua mão acariciava a bolsa que carregava o objeto furtado.

Não havia pensamento lógico nem raciocínio na decisão de furtar qualquer uma das coisas triviais que, depois de alguns meses, começaram a se empilhar: meias, canetas, canecas de café, revistas, batons em tons brilhantes que ela jamais usaria. Quando era jovem, conhecera moças que, de tempos em tempos, roubavam batons ou bijuterias, mas lembrava-se de que faziam isso porque não tinham dinheiro suficiente para comprá-los. Ela também se lembrava de que as coisas que as moças roubavam eram belas e as atraíam, e elas pensavam muito antes de tomar a decisão de furtar, do mesmo modo que as pessoas pensam antes de decidir-se a comprar algo importante. Daiane era ética demais na época para pensar nisso e preferia economizar o dinheiro que ganhava como babá até poder comprar o que queria.

Mas aqui e agora, como uma mulher de meia-idade, ela não queria as coisas que furtava. Ela simplesmente... furtava por furtar. Levava esses objetos sem significado para casa e os colocava em uma caixa na parte de trás da prateleira de cima de seu lado no *closet*. Eles simplesmente ficavam lá. Ninguém sabia deles, nem Paulo, nem o pai dela, nem sua melhor amiga, a quem ela costumava confidenciar tudo. Os objetos simplesmente estavam *ali*, ocupando espaço, aumentando em número conforme o tempo passava, um conjunto sem sentido formado por coisas indesejadas, mas estranhamente desejadas. O fato de saber que estavam ali e como haviam chegado ali, dava-lhe uma sensação vaga, se não exatamente de prazer, de algo parecido. Conforto? Segurança? Empolgação? Superioridade? Era difícil definir a sensação e Daiane não via por que pensar a respeito. Em vez disso, ela se permitia simplesmente sentir: olhar, pegar, guardar, esconder; olhar, pegar, guardar, esconder.

Como nenhum dos vendedores jamais parecera olhar para ela como quem suspeita de algo, Daiane ficou mais relaxada e corajosa, passando de meias e canetas a itens maiores, como roupas caras, embora nunca as tivesse desejado. Ainda assim, ela continuava como se estivesse em uma missão secreta e determinada, voltando ao *shopping* repetidamente, até que ele começou a parecer-lhe uma extensão de sua casa.

Os furtos em série terminaram abruptamente em uma tarde em que Daiane saía de uma boutique e sentiu uma mão em seu ombro. No início, pensou que fosse uma amiga e se virou para inesperadamente ver-se face a face com um homem calvo, de meia-idade, em um uniforme cinzento. Mesmo nesse momento, pensou: "O que será que ele pode querer comigo?".

Era como se Daiane nunca tivesse levado a sério a hipótese de que algum dia alguém poderia ver o que ela estava fazendo.

"Senhora?", disse ele.

Daiane deixou cair a bolsa e começou a chorar silenciosamente. Ela não era realmente uma ladra, com certeza ele vira isso. Ela era respeitável. Ela tinha dinheiro. Ela não precisava roubar e certamente não precisava do vestido que escondera na bolsa. Ele era tamanho PP e ela usava M. Tudo teria sido cômico, se a atitude do guarda não fosse tão séria, se a mão dele em seu braço não a prendesse tão fortemente enquanto ele a conduzia por entre a multidão que se abria para deixá-los passar e na qual vizinhos e estranhos a olhavam de modo cético e reprovador, como se ela fosse uma criminosa.

*Comportamento criminoso* é um termo amplo que abarca qualquer tipo de atividade que viole alguma lei. Como sociedade, criamos leis para nos proteger daqueles entre nós que não só sentem o desejo de roubar ou causar dano, mas agem sob esse impulso. A diferença entre o sentimento e a ação é a diferença entre a selva e a civilização.

O impulso faz parte da natureza humana. Somos uma espécie agressiva. Sentimos o impulso de atingir, pegar, agarrar, esbofetear, gritar, empurrar e atropelar. Enquanto está de pé na plataforma do metrô na hora do *rush*, com a estática incoerente do alto-falante irritando seu cérebro, o prazo estourado do trabalho latejando em suas têmporas, o calor e o cheiro no ar que respira, imóvel, fitando o túnel à espera de uma luz que não vem, você pode pensar: "Eu poderia empurrar aquela velha para os trilhos".

Você não a empurra, é claro, embora o pensamento de fazer isso – até mesmo a idéia de que você poderia ser capaz de fazer isso – possa deixá-lo incomodado. Mas é sempre assim com as fantasias, e seria um erro confundir o ato de pensar coisas blasfemas com o ato de realizá-las. Estamos sempre nos aproximando e nos afastando de transgressões, encontrando crimes em nossos pensamentos despertos e em nossos sonhos e nos desviando deles. Na maior parte do tempo, nem chegamos a revelar essas fantasias aos outros. Algumas vezes, podemos não revelá-las nem a nós mesmos. Nós as mantemos caladas e nos recusamos a reconhecer sua existência. Respiramos profundamente na plataforma do metrô, esprememo-nos no vagão lotado, junto com os outros passageiros, quando o trem finalmente chega, e seguimos com nossa noite, reprimindo todos os nossos outros impulsos agressivos, grandes e pequenos, assim que eles surgem – até nem percebê-los mais. A senhora idosa na plataforma vive para ver mais um amanhecer, mas a revista que foi entregue por engano em nossa porta, e que, por direito, pertence ao morador do apartamento ao lado, vai direto para a lata de lixo.

Obviamente, nem todos os crimes são iguais. Legal e moralmente, jogar um estranho nos trilhos de um trem que se aproxima não é a mesma coisa que jogar no lixo a correspondência de um vizinho. Além disso, nem todos os criminosos são iguais. Você ou eu, em nenhuma circunstância, chegaríamos a empurrar a senhora idosa para os trilhos do trem. Mas outra pessoa poderia fazê-lo. Entretanto, todos os crimes e todos os criminosos têm algo em comum: um impulso que, de algum modo, transformou-se em uma ação que viola as normas da sociedade.

Em um extremo do espectro estão os criminosos que não conseguem distinguir entre certo e errado e, portanto, não sentem nenhuma culpa por suas ações. Alguns criminosos nessa categoria sofrem de um problema físico. Por exemplo, um golpe no lóbulo frontal – a parte do cérebro que regula as reações primitivas à provocação – pode eliminar o bloqueio de passagem que se coloca entre o impulso agressivo e a ação agressiva. Uma assistente social, uma criança de 9 anos, um advogado, uma professora – todos com diferentes tipos de personalidade e histórias diversas – podem repentinamente descobrir-se empurrando aquela velha para os trilhos do trem e perceber que não se importam.

A maioria dos criminosos que são capazes de atos como esse, contudo, não sofre de problemas físicos, mas de uma doença mental tão grave que a separa da realidade. Essas pessoas estão além do alcance da razão; elas vivem em um universo paralelo definido por sua psicose. Entre julho de 1976 e agosto de 1977, David Berkowitz, o autodenominado "Filho de Satã", matou seis pessoas em Nova York porque um cachorro lhe disse para fazê-lo. No Texas, Andrea Yates afogou seus cinco filhos porque acreditava que Satã teria desejado isso.

Os sociopatas, por outro lado, distinguem entre o certo e o errado – mas também não sentem culpa por seus atos. Podem apresentar *eus* diferentes em circunstâncias diferentes e quando necessário agem de modo "normal". Esses criminosos se valem de uma astúcia extremamente desenvolvida e um desligamento emocional assustador para atrair suas vítimas. Embora os detalhes sejam muito diferentes, a "história" é essencialmente a mesma: a pessoa, em geral um homem, não percebe as outras pessoas como humanas e obtém prazer ao realizar atos de um horror surpreendente, sem sentir a mínima culpa. *Fim.*

Sílvio Peterson, um vendedor de fertilizantes em Modesto, na Califórnia, conseguiu parecer infantil e inofensivo diante das câmeras depois que sua esposa, Laci, grávida de oito meses, foi dada como desaparecida na véspera do Natal de 2002, embora, na realidade, ele a tivesse assassinado e jogado o corpo na baía de São Francisco. Ted Bundy podia ser muito simpático quando o desejava: durante toda a década de 1970, ele seduziu dezenas de mulheres em Washington, em Utah, no Colorado e na Flórida, e, depois, as espancou ou estrangulou. Os ricos irmãos Menendez, Lyle e Erik, de Beverly Hills, mataram a sangue-frio seus pais milionários para herdar o dinheiro, mas pareciam tão jovens e inocentes durante o pungente julgamento televisionado que os espectadores enviaram doações para o fundo de defesa.

"Ele era um homem quieto" é um refrão que amigos e vizinhos sempre repetem a respeito dos sociopatas quando seus crimes horrendos são descobertos, como se o silêncio e o segredo fossem mutuamente excludentes. "Ele era um homem dedicado à família" é outro comentário comum que rotineiramente é repetido com um atônito acenar de cabeça – porém, mais uma vez, o que pode parecer paradoxal faz todo sentido psicológico. Em um nível prático, o papel de homem dedicado à família permite que um sociopata misture-se na multidão. Durante trinta anos, Dennis Rader levou uma vida relativamente tranqüila como marido e pai, chefe de escoteiros, funcionário do Departamento Municipal de Trânsito e membro destacado de sua igreja antes de ser exposto como o assassino em série que assinava suas cartas insultuosas para a polícia com as letras "BTK" – que, em inglês, são as iniciais das palavras "amarrar, torturar, matar", seu método predileto para livrar-se das vítimas. Mas, em nível mais profundo, o papel de homem dedicado à família também dá aos sociopatas uma maneira de ceder cotidianamente a seus demônios, embora de um modo socialmente aceitável. Por trás da ponte levadiça de seu castelo, Dennis Rader podia ser um rei, exercendo firme controle sobre sua esposa e seus filhos e, ao mesmo tempo, desfrutar de uma válvula de escape para a veia sádica e dominadora que, de vez em quando, era plenamente liberada em outro lugar.

É claro que a maioria das pessoas controladoras, a maioria das pessoas quietas e a maior parte dos homens dedicados à família não são formadas por assassinos. Uma das razões pelas quais esses casos extremos podem chamar a atenção nacional por semanas ou meses a fio é: eles nos asseguram de que nunca poderíamos fazer o que essas pessoas fizeram. Os doentes mentais mais graves são a prova de que existem "monstros" – e nós sabemos que não somos monstros. Os sociopatas são monstros com uma face humana – eles podem se parecer conosco, mas não são como nós. Estamos certos disso. Nós não jogaríamos a velha senhora nos trilhos e não mataríamos a esposa e depois nos juntaríamos à caçada pelo "assassino". Mas, como todos abrigamos *impulsos* assassinos, uma questão muitas vezes paira por muito tempo depois de termos assistido ao noticiário de TV: "Será que existem assassinos que se parecem comigo e que podem ser como eu?".

Os indícios não são tranqüilizadores. Certamente, a Segunda Guerra Mundial provou que a desumanidade de um homem para com o outro não diminuiu com o passar do tempo. Ao estudar os réus dos julgamentos de Nuremberg que, um após o outro, protestavam inocência e diziam que estavam apenas seguindo ordens, a historiadora e filósofa alemã Hannah Arendt fez um comentário famoso, dizendo que havia estudado "a banalidade do mal". Em "certas" circunstâncias, as pessoas podem ser levadas, impelidas, seduzidas ou subornadas para se envolver em atos criminosos ou bárbaros.

Em uma série de experimentos realizados por Stanley Milgram, em Yale, no início dos anos 1960, voluntários de New Haven foram recrutados para participar de um estudo. Um homem sentava-se em uma cadeira diante dos voluntários. Dizia-se a eles que a cadeira estava ligada à rede elétrica e que a intensidade da corrente era controlada por um botão que eles deveriam manipular. Também lhes foi dito que seriam feitas várias perguntas ao homem e, para cada resposta errada, eles deveriam dar-lhe um choque elétrico. Foram também instruídos de que, quanto mais o homem errasse, mais eles deveriam girar o botão. Nada disso era verdade: o homem era um ator. Mas, mesmo quando o homem parecia sofrer intensamente com os supostos choques elétricos, encenando convulsões convincentes que o levavam a quase perder a consciência, 65% dos participantes continuavam a girar o botão até o máximo – 450 volts, uma intensidade que poderia facilmente matar uma pessoa.

Poucas pessoas tiveram sua determinação testada em circunstâncias tão intensas e em nível tão visceral, seja em tempos de guerra, seja em um laboratório. Quase todos nós pudemos passar a vida sob a suposição de que nunca faríamos algo assim. É o *id* – a parte de nós que quer o que quer na hora que quer –, mas é o *id* em sua face mais crua.

Como sempre ocorre, o *id* está em constante luta com o ego – a parte de nós que quer que o mundo nos veja do modo como idealmente nos vemos. E, como sempre ocorre nessa batalha, o *id* não pode ser eliminado, apenas acomodado.

Às vezes, o lado agressivo de nossa natureza pode ser sublimado por uma defesa positiva. Alguém que se aliste nas Forças Armadas, por exemplo, pode ter desejos inconscientes de assassinar, mas pode dizer a si mesmo que tem apenas um senso de dever patriótico. O mesmo ocorre com alguns cadetes na academia de polícia. Podem ter desejos ocultos de exercer poder sobre os outros, mas em vez disso usam distintivos que lhes permitem exercer poder sobre os criminosos. Os espiões podem dizer a si mesmos que seu lado é o "bom" e o outro lado é "ruim", mas alguns não conseguem evitar sentir uma certa identidade com o "inimigo". Na época da Guerra Fria, a revista *Mad* tinha o cartum "Spy vs. Spy", que ilustrava mensalmente essa ambigüidade: duas figuras de rosto pontudo, uma vestida de preto e a outra de branco, tentavam infindavelmente destruir uma à outra. Alguns meses, a de branco vencia; outros meses, a vencedora era a de preto. Elas eram indistinguíveis, a não ser pela cor das roupas.

Mas nem sempre é possível negociar com o *id*. Sempre que ouvimos sobre o horror de um suspeito desarmado que foi atingido por 42 tiros, ou sobre um bombeiro que iniciou um incêndio, ou sobre um espião que mudou de lado, ou sobre soldados que cometeram atos de degradação, sadismo e tortura, fica claro novamente que a sublimação pode ser uma defesa imperfeita diante de uma mente indomada.

O fato é que a membrana metafórica entre o impulso e a ação pode ser muito tênue. Ao contrário da crença popular, apenas um percentual muito pequeno dos crimes violentos é comtido por pessoas que sofreram uma cisão psicótica ou por sociopatas, ou mesmo por cidadãos supostamente cumpridores da lei que, quando pressionados, agiram com mais força que o necessário. Em outras palavras, um percentual muito pequeno dos crimes violentos é cometido pelos que são diferentes "de você e de mim". A maior parte dos crimes violentos está ligada ao abuso de álcool. Eles acontecem quando perdemos nossas inibições – a linha de defesa que mantém o *id* sob controle e o ego intacto. Se essa guarda for rebaixada, a fantasia pode rapidamente transformar-se em realidade, o impulso pode passar à ação.

Mas nem todos os impulsos que se originam da agressão precisam terminar em crimes violentos. Existem crimes premeditados – assalto a banco, suborno, tráfico de influência. Existem crimes de oportunidade – sonegação de impostos, excesso de velocidade, furto em lojas. Algumas vezes os que perpetram tais crimes sabem exatamente o que estão fazendo. E às vezes, como Daiane, a ladra de lojas, sabem *sem exatidão* o que estão fazendo: agem como se estivessem em transe.

O que mais importa a um tribunal é o que fizeram, não por que o fizeram. Se os policiais chegam a falar sobre os motivos, em geral é para identificar a causa imediata: dinheiro, raiva, vingança. Mas, quando os psicólogos falam sobre os motivos, referem-se a uma razão mais profunda – o desejo inconsciente que impele assassinos em série e ladrões de lojas para o limite da ilegalidade e os faz cruzar essa linha, passando a levar a vida secreta do criminoso.

A ameaça de punição é um freio poderoso para os criminosos em potencial. Na verdade, ninguém quer ver-se como enganador do governo, motorista embriagado ou ladrão de um delineador, e muitíssimo menos como preso, com a carta de motorista suspensa por um ano ou antecedentes criminais.

A punição, contudo, pode ser um freio igualmente poderoso após o fato, uma pressão constante sobre o criminoso para não deixar escapar nenhuma palavra sobre o crime, para ninguém. Os criminosos são "marginais" automáticos em virtude de suas atividades ilegais e transgressoras. Em conseqüência, sabem que precisam ocultar suas ações se quiserem ter o privilégio de viver em meio às pessoas comuns. De certa forma, o ritual pelo qual a polícia encaminha um criminoso, quer seja um traficante de drogas, quer seja um gerente com dedos ágeis, do carro patrulha até a delegacia para ser fichado é uma metáfora perfeita para essa passagem. Os criminosos sabem que, se forem pegos, deixarão de pertencer à sociedade e serão considerados marginais. A mente criminosa internaliza uma mensagem essencial: "Não seja pego. *Guarde o segredo*".

Até mesmo os doentes mentais, que não diferenciam o certo do errado e não sentem culpa, têm medo de uma punição como a prisão. Não que vejam a prisão como um reflexo da enormidade do que fizeram ou podem fazer; em vez disso, eles a vêem como um reflexo da enormidade do que a sociedade quer fazer a eles. Eles a vêem como uma imposição do mundo externo. Ainda assim, mesmo eles a *vêem* – reconhecem essa possibilidade e ajustam suas manobras evasivas de acordo com essa informação.

Os criminosos sociopatas são especialistas em manter segredos. Para eles, a vida secreta do criminoso é meramente uma variação de seu tema dominante: a vida secreta do eu. Eles não são a pessoa que apresentam ao mundo, sabem disso, e farão qualquer coisa, até mesmo matar, para manter viva essa identidade secreta. Mark Hacking matou a esposa, Lori, em Salt Lake City, depois de ela saber que ele não era o médico que disse ser – ele nem sequer havia terminado uma faculdade, muito menos cursado Medicina. Ameaçado pela destruição da *persona* que havia desenvolvido – aquela de que sua família orgulhava-se tanto, aquela sobre a qual sua esposa havia baseado o futuro –, ele destruiu Lori.

Quando John List assassinou metodicamente sua esposa, três filhos e sua mãe (que morava com eles) em novembro de 1971, deixou uma carta ao pastor de sua congregação, dizendo temer que sua família estivesse saindo de controle e nunca fosse para o céu. Mas ele deixou de mencionar que era uma fraude e que sua família estava quase descobrindo isso: ele perdera o emprego recentemente e não podia mais manter o estilo de vida de alguém que possuía uma mansão vitoriana com dezenove quartos na área mais valorizada de um bairro de classe média alta em Nova Jersey. Sua necessidade de manter a ilusão era tão intensa que, mesmo depois de perder o emprego, ele continuou com sua rotina diária como se nada tivesse acontecido, saindo de casa de manhã, indo para a estação de trem, onde se sentava e lia para passar o tempo até o fim do horário comercial, quando voltava para casa. No fim, John List acabou matando sua família e, de certa forma, também a si mesmo. Ele desapareceu por quase vinte anos, reaparecendo apenas porque seu caso foi apresentado em um programa de TV sobre criminosos procurados e um vizinho o reconheceu como "Bob Clark", o vizinho meio estranho que usava terno e gravata o tempo todo, ensinava na escola dominical e tinha dificuldade para permanecer nos empregos.

Dennis Rader, conhecido como BTK, também conseguiu sumir da vista de todos por décadas depois de cometer seus primeiros assassinatos na década de 1970. Mas, ao contrário de John List, ele não foi denunciado por outra pessoa. De certa forma, ele próprio se entregou. Em março de 2004, a polícia recebeu uma carta de um suposto "Bill Thomas Killman" que incluía detalhes e fotografias de um assassinato cometido em 1986, além de uma fotocópia da carta de motorista da vítima. Nove meses depois, BTK escreveu para a polícia, contando detalhes e fornecendo evidências a respeito de um outro assassinato sem solução. O tom das cartas era insultuoso, desafiando a polícia a encontrá-lo – como aconteceu, quando se conseguiu ligar um dos disquetes à igreja que ele freqüentava.

O que terminou com o reino de terror de Dennis Rader pode bem ter sido tão desconcertante para ele quanto o que o precipitou. Por que enviar cartas e um disquete se não *quisesse* ser encontrado? Evidentemente ele *queria* ser pego – mas não porque se sentisse culpado (sociopatas não sentem culpa), nem porque diferenciasse o certo do errado (embora alguns sociopatas o façam). Ele era um sociopata e continuava sendo. No tribunal, Rader falou com propriedade sobre "assassinos em série" como uma categoria à qual pertencia, do mesmo modo que um diabético pode dar uma palestra improvisada aos amigos a respeito de suas necessidades médicas especiais. Não havia crítica na voz de Rader, nem tristeza ou a sensação – para os que o ouviam – de alguém atormentado pelo remorso. Era como se Denis Rader e BTK fossem parentes, mas não a mesma pessoa.

O motivo pelo qual Rader "queria" ser pego era praticamente a única razão pela qual um sociopata finalmente revela sua identidade secreta. Ele sentia que era "ruim", mas de um modo que não se relacionava à autoria dos crimes. Ao confessar seus crimes no tribunal, Rader admitiu que tinha "problemas sexuais" – o que, certamente, era dizer pouco. Ainda assim, naquele momento, ele indicou que não foram os crimes que cometeu que finalmente o fizeram confessar. Não era *o que havia feito*; era *por que havia feito*.

A predileção de BTK pela submissão, tortura e assassinato – e, como foi revelado, o ato de vestir suas vítimas com uma máscara "feminina" e masturbar-se sobre os corpos mortos – não era nenhuma predileção, mas realmente uma obsessão extrema. Embora ele apareça aqui em um capítulo sobre a vida secreta do criminoso, também poderia ter-se encaixado muito bem no capítulo sobre perversão. Como todos os pervertidos, a necessidade de BTK de transformar as pessoas em objetos inanimados era uma força impelidora, e o "rugido" de suas perversões afogar o resto do mundo. Durante décadas, isso foi tudo o que ele pôde fazer para controlar esse rugido. Mas, em 2004, por motivos que provavelmente nunca saberemos, isso foi tudo o que ele *não pôde* fazer para controlá-lo. Nessa época, ele sentiu que precisava ser punido, não por seus crimes, mas pelos motivos por trás deles – seus "problemas sexuais". Ele estava "pronto" para ser encontrado.

Nesse aspecto, a vida secreta de BTK é representativa da vida secreta dos criminosos em geral. Não é que muitos criminosos atinjam um ponto crucial em sua vida secreta em que estão "prontos" para ser encontrados. Na verdade, a maioria vai para o túmulo culpada, mas livre. E não é que os criminosos (os que não pertencem à pequena minoria dos doentes mentais graves nem são sociopatas) sintam-se livres da culpa associada a seus crimes. Em vez disso, o que une um caso tão extremo como o de BTK com o de praticamente qualquer outro criminoso, até mesmo Daiane, a senhora de classe média que furtava em lojas, é um sentimento perene de algo mais – algo além da culpa, algo igualmente presente, mas de algum modo fora de alcance, indefinível, mas definidor.

No que diz respeito a BTK e a todos os criminosos, parte desse sentimento é ira. Qualquer que tenha sido a fonte da fúria dele, o resultado foi uma presença constante e ardente, uma companheira vitalícia. De tempos em tempos, ela aumentava a um ponto que ele não conseguia suportar e, então, liberava-a sobre alguma vítima inocente – talvez o cachorro de um vizinho ou uma mulher desconhecida. Outra parte era a vergonha – não pelo que havia feito devido a seu sadismo, mas pelo que o sadismo fez a ele. Isso era maior que ele. Sua perversão aleijava-o, controlava-o, como todas as perversões sempre fazem. BTK havia sido impelido por sua fúria, amarrando, torturando e matando. E havia sido levado por sua vergonha a enviar disquetes de computador que o expuseram à cólera da lei.

Fúria? Ira? Certamente não era o que sentia *Daiane*. Ela nem era uma criminosa, era? Do mesmo modo que Jônatas, o sonegador de impostos do capítulo 3, que podia racionalizar todas as deduções ilegais que constavam de sua declaração de renda, e como muitos criminosos oportunistas, Daiane tinha suas razões: as pessoas fazem coisas muito piores que furtar em lojas; ela não estava ferindo ninguém; os objetos que furtava eram pequenos, baratos, nem pesava no balanço de uma loja; as lojas tinham seguro, de qualquer modo. Mas parte dela certamente "sabia" que estava cometendo um crime. Ela nunca furtava quando um vendedor estava por perto; nunca sussurrou uma palavra sobre seu hábito a sua melhor amiga; nunca tirava do *closet* a caixa de itens surrupiados para mostrar ao marido. Desse modo, Daiane podia continuar a não se considerar uma ladra e, assim, furtar indefinidamente.

Até que, como aconteceu com BTK, ela estivesse "pronta" para ser pega. Certo dia, Daiane repentinamente passou dos objetos baratos para os mais valiosos, o tipo de mercadoria que a segurança da loja provavelmente monitorava. Mesmo então, não passou por sua mente que estivesse mudando seus hábitos de furto, muito menos por quê. Ela simplesmente sentiu o peso da mão do segurança sobre seu ombro.

Na delegacia, um policial perguntou a Daiane por que ela havia pego o vestido. Ela disse que não sabia. Estava envergonhada por não ter nenhuma justificativa convincente, mas o policial já ouvira isso antes. Na verdade, se ela tivesse perguntado a ele, teria descoberto que existem muitas mulheres como ela: mulheres que não "precisam" dos itens que furtam; mulheres cujas tentativas de ocultar seus crimes são no máximo desajeitadas ou até inexistentes. As lojas as chamam de "safadas", de ladras bizarras que furtam sem necessidade. Para a polícia, elas são um aborrecimento. Para um psicólogo interessado na mente criminosa, contudo, elas são uma fonte de fascínio, uma janela valiosa sobre como causas ocultas podem levar a efeitos criminosos.

Um juiz ordenou que Daiane fizesse terapia, e ela estava disposta, até mesmo ansiosa por isso, como se quisesse falar a alguém havia muito tempo. Eu lhe perguntei sobre sua vida e ela me disse que os filhos eram adultos e tinham vida própria.

"Não houve nenhuma grande mudança recentemente?", perguntei.

Daiane pensou um pouco e disse que não. A vida continuava como sempre. Nenhuma grande mudança havia ocorrido. Ela falou sobre os filhos, expressando a mistura usual de orgulho e ansiedade que a maioria dos pais sente quando seus filhos tornam-se independentes. Depois de alguns momentos, disse que a única mudança referia-se ao pai.

Pedi-lhe que me falasse mais sobre isso.

Ela explicou que o pai fora recentemente internado em uma casa de repouso e que ela, como filha única, era responsável por garantir que ele estivesse feliz e fosse bem cuidado. Ela também devia visitá-lo várias vezes por semana. Mas isso não era um "problemão", segundo Daiane afirmou.

Ela falou isso com um grande sorriso, mas eu a questionei. A tarefa de cuidar de todas as necessidades de um pai idoso é desgastante, não é?

"Não, de modo algum." A resposta de Daiane foi incisiva. Mas, depois de um momento, ela reconheceu que algumas vezes o pai era um pouco difícil. Por exemplo, quando ela lhe dera um novo barbeador, algumas semanas antes. Como não era do tipo predileto dele, ele o jogou no lixo e disse-lhe para voltar no dia seguinte com um "que prestasse". Mas, segundo Daiane, o pai sempre fora exigente.

Ela começou aos poucos a admitir sentimentos de ambivalência em relação às exigências do pai. Antes de mudar para a casa de repouso, o homem idoso vivia independentemente, a várias horas de distância, e Daiane e o marido tiveram uma boa vida juntos. Mas, quando o pai dela ficou mais velho e mais frágil e a mudança foi necessária, Daiane teve de sair de seu trabalho de meio período e passou a ser sua assistente em tempo integral, quase uma secretária particular.

Na época, ela disse que já estava na hora de sair do emprego, mas começava a questionar se isso era mesmo verdade. Sentia falta de ser a secretária do consultório de um médico ocupado. Com o pai morando apenas a alguns quilômetros de distância, Daiane era obrigada a cuidar muito mais dele do que previra. Quando a visitara pela primeira vez, a pequena casa de repouso parecera-lhe um lugar muito bom, com quartos modernos e ensolarados, uma equipe simpática e uma alimentação com fama de ser muito melhor que a da maioria das casas de repouso. Mas, desde que começara a morar lá, o pai reclamava que a equipe não fazia nada, que a comida era horrível e que a filha nunca lhe levava o que pedia. Quer fosse um novo barbeador, um roupão de banho ou livros recém-lançados que ela achava que ele gostaria de ler, ele deixava claro que esses itens não prestavam. As reclamações aumentaram em número e em intensidade, até que Daiane sentiu-se sobrecarregada por elas. Afinal ela admitiu que o pai não era apenas exigente, era insuportável.

Com o tempo, Daiane falou comigo sobre como o pai fora crítico quando ela era criança, dominando-a com seu *status* de adulto, sem lhe dar praticamente nenhuma independência. Ele agia como um patriarca e ninguém na família questionava suas decisões. Ao contrário das amigas, Daiane não tinha autorização para sair de noite nos fins de semana, nem quando era adolescente. O ressentimento aumentou dentro dela, mas nunca achou que o pai tivesse feito alguma coisa tão "terrível" que desse a ela o direito de reclamar. Em vez disso, absorveu a sensação de impotência e de amargura diante de um pai autoritário e excessivamente crítico, até que, no decorrer de décadas, seus sentimentos cristalizaram-se em algo que parecia não ter nada a ver com o pai.

Os crimes de Daiane originaram-se de um segredo que ela não conseguira contar a si mesma por toda a sua vida: ela estava furiosa com o pai impossível de contentar e queria poder vingar-se por ele tê-la mantido sob tanto controle durante toda sua infância, adolescência e agora, novamente, na meia-idade. Mas Daiane era uma "boa" filha e tinha dificuldade de imaginar-se discutindo com o pai. Afinal de contas, o pai era um homem idoso em uma casa de repouso. Que tipo de pessoa grita e vocifera com um homem de 82 anos que usa um andador? Que tipo de pessoa ingrata pode até mesmo *pensar* em uma coisa dessas? Não *Daiane*.

Mas, na verdade, ela era uma pessoa que podia pensar em uma coisa dessas, do mesmo modo como era, de fato, uma criminosa. Do mesmo modo que BTK, ela sentia ira. No decorrer dos anos, a fúria por ter sido controlada pelo pai havia aumentado. O casamento oferecera-lhe décadas de moratória, mas agora o pai estava de novo em sua vida, como se fosse uma vingança. E, exatamente como BTK, Daiane sentia vergonha – vergonha de ter tanta raiva de alguém que deveria amar. Ela extravasava sua ira por meio dos furtos em lojas, mas, na verdade, desafiava todos os pais controladores que existiam no mundo. E extravasou sua vergonha ao garantir que seria pega e levada à justiça – não só em um tribunal, mas também em seu foro íntimo.

Os seres humanos buscam retificar seus atos errados por diversos modos engenhosos. Algumas vezes, um vestido pode ser furtado de uma arara para que uma filha adolescente retome seu senso de poder pessoal e de dignidade. E, às vezes, o modo como essas emoções há muito suprimidas voltam à tona é muito pior. Mulheres inocentes precisam ser assassinadas por causa dos sentimentos vergonhosos de um homem a respeito do sexo, de sua mãe, das mulheres e de seu eu odioso. Dinheiro precisa ser furtado de bancos, de caixas registradoras e de bolsas de desconhecidas. Casas precisam ser incendiadas. O mundo às vezes parece explodir com os próprios incêndios de violência desenfreada. Os segredos, embora abriguem temporariamente um criminoso, sempre servem para alimentar as chamas da ambivalência, do conflito e da agressão.

No entanto, Daiane teve sorte de dois modos. Ao contrário de muitos criminosos, ela não chegou a cometer crimes que viessem a arruinar sua vida. E, ao contrário da maioria dos criminosos, ela conseguiu obter o tipo de terapia que lhe permitiu entender seus atos – e libertar-se da compulsão de furtar novamente.

Daiane tomou a decisão de falar com o pai a respeito do comportamento dele e de estabelecer algumas regras para suas visitas. Ela iria vê-lo uma ou duas vezes por semana, no máximo; afinal de contas, ele fizera amigos na casa de repouso e, sempre que ela chegava, ele estava no meio de um grupo de homens. Ela supriria os itens de que ele precisasse, mas ele deveria tratar suas compras com respeito ou ela iria parar de levar os objetos pedidos. Ele pareceu surpreso. Ela nunca lhe falara assim antes, de um modo direto e calmo. E, embora ele dissesse que não fazia idéia do que ela estava falando – é claro que sabia –, não resistiu muito.

Um dia, enquanto voltava para casa depois de visitar o pai, Daiane parou no *shopping*, pela primeira vez em muito tempo desde que fora presa. Ela entrou e saiu de lojas e, para seu alívio, não sentiu nenhum impulso de pegar nada. Ela comprou um pequeno objeto de que precisava e depois voltou para casa. A viagem foi tranqüila e civilizada. Nessa expedição, pelo menos, o *shopping* não era mais uma selva.

# 9

# A Vida Secreta Exposta

*O inferno são os outros.*
—Jean Paul Sartre, *Sem Saída* (1944)

O que terá acontecido a Sílvio, o vendedor de *software* do capítulo 3, que havia se viciado em assistir a pornografia na TV paga quando se hospedava em hotéis? Alguns homens conseguem manter uma predileção por pornografia por um longo período. Mas, no caso de Sílvio, a satisfação diminuía conforme os meses passavam. Por fim, todo o ritual de assistir a um filme e se masturbar tornou-se previsível e morno, e não mais lhe proporcionava a saciedade feliz pós-orgásmica que esperava. Ele começou a perceber que ficava indiferente às mulheres que estremeciam e arqueavam o corpo na tela da TV e desejou algo para contrapor-se a essa resposta. Uma noite, ele pegou o carro alugado e dirigiu-se a uma cidade desconhecida, parando em uma boate de *striptease*. Mas não gostou de estar em um lugar tão desgastado e vulgar, e preferiu a segurança e o conforto de seu quarto de hotel.

Então, na viagem seguinte, Sílvio acabou folheando o guia telefônico que encontrou na gaveta do criado-mudo, ao lado da Bíblia. Procurou a letra A, encontrou "Acompanhantes", e logo estava telefonando a um lugar chamado *Premiere Ladies* e informando o número de seu quarto de hotel. Quarenta minutos depois, uma moça chamada Valeska estava à porta de seu quarto. Ela era como ele esperava: tinha cabelos loiros com raízes crescidas, um daqueles loiros tingidos levemente alaranjados, e seios grandes e rijos que certamente foram criados em uma mesa cirúrgica. Mas isso não importava. Só a idéia de ter alguém em seu quarto de hotel já o excitava. Ela podia ser qualquer uma, não fazia diferença.

Sílvio deitou-se na colcha com estampa floral com Valeska e deixou-a montar sobre ele e fazer sexo oral. Ele nem precisava incomodar-se em pagar a ela, pois já havia dado o número de seu cartão de crédito, tomando o cuidado de debitar a despesa em uma conta separada que abrira para "emergências". A experiência acabou sendo tudo que ele desejava – toda a excitação ilícita, o segredo empolgante que a pornografia da TV paga já não lhe proporcionava.

Ele repetiu várias vezes essa experiência nos meses que se seguiram. Contratar acompanhantes para ter sexo tornou-se parte tão integrante da rotina de viagem de Sílvio como assinar o comprovante do serviço de quarto após receber o café da manhã. Ele incluía essas mulheres em seus percursos. Elas melhoravam a experiência da viagem, o trabalho e a vida em geral. O tédio inicial que o fizera agir foi substituído por um vigor renovado. Ele parecia trabalhar mais nas reuniões da manhã depois de ter estado com uma acompanhante e se exercitava com mais vigor na esteira da sala de ginástica do hotel. Ter uma vida secreta ajudava-o até em casa. Descobriu que conseguia ser mais amoroso e expansivo com sua esposa, Lisa. Algumas vezes depois do sexo, quando a acompanhante já tinha ido embora, ele se deitava na cama na semi-escuridão e telefonava para a esposa. Eles falavam de modo suave e amoroso um com o outro, com vozes sonolentas, dizendo "Eu te amo" ao final da ligação e despedindo-se com um beijo.

Então, depois de desligar, Sílvio verificava sua agenda para ver qual seria a viagem seguinte e ficava imaginando como seriam os serviços de acompanhantes em Albuquerque, Denver ou Pittsburgh.

Revelar ou ocultar, essa é a questão que todos enfrentamos. A maioria das pessoas sente alguma tensão entre esses impulsos todos os dias. Contar ao caixa que o troco foi mais que o devido? Dizer à mãe idosa que ela tem um tipo de câncer inoperável? Para alguém cujos segredos já reuniram força suficiente e se transformaram em uma vida secreta plenamente consciente, a ênfase está sempre no ato de ocultar, que se torna uma tarefa ativa. As pessoas que levam uma vida secreta passam muito tempo e despendem muita energia pensando a respeito, preocupando-se e imaginando o que aconteceria se fossem descobertas. O coração delas acelera-se com ansiedade ao visualizar essa hipótese, e há boas razões para isso, pois quando uma vida secreta é repentinamente revelada desencadeia-se o inferno.

É claro que *inferno* significa coisas diferentes para pessoas diferentes. Algumas vezes, a vergonha da exposição é o suficiente para destruir uma pessoa, mesmo que as repercussões reais da descoberta sejam poucas. Outras vezes, o simples fato de ter de suportar um exame intenso pode parecer intolerável. Quando a vida secreta de Bill Clinton com Monica Lewinsky na Sala Oval foi exposta ao mundo todo, ele quase perdeu a presidência. O intenso fascínio e até mesmo o prazer provocado por sua desgraça não foram causados apenas porque ele agiu de uma forma sexualmente inapropriada e com alguém que não se chamava Hillary. Foi porque ele ousou ser tão poderoso. A mensagem era: *Má sorte! Você pensou que podia ter tudo: poder, uma casa grande, o avião Força Aérea Número Um, a ca-*

*pacidade de apertar um botão vermelho e também uma mulher que vinha a seu escritório e abria sua braguilha sempre que você queria. Mas veja só: não se pode ter tudo.*

Embora o desejo de ver os outros sofrerem seja certamente parte da natureza humana – mesmo que não seja uma parte bonita –, outros elementos emocionais operam nesses exemplos. É um alívio sentir que *outra pessoa* está caindo em desgraça, e não nós, porque todos podemos imaginar uma situação em que poderíamos nos comportar de um modo chocante, e com muita clareza, porque todos temos segredos, mesmo que eles nunca venham a ser conhecidos.

A revelação de alguns segredos é tolerável, apesar de constrangedora, e todos têm estes pequenos episódios perturbadores: ser repreendido no trabalho pelo chefe, por não ter entregado um projeto no prazo, ou descobrir que nossa mãe encontrou uma carta de amor que escrevemos. Na hora, são momentos terríveis e queremos nos enfiar em algum buraquinho e morrer. Mas, milagrosamente, *não* morremos. O chefe, depois de uma breve repreensão, passa a tratar de outro assunto. A mãe entende que adolescentes passam por emoções intensas e não fala mais na carta de amor.

Mas fazemos todo o possível para evitar que outros segredos sejam expostos porque tememos o que eles revelam sobre nós. É o ato de ocultar esses segredos de nós mesmos que leva diretamente à criação de uma vida secreta. O inferno que é desencadeado não se refere apenas ao que o *mundo* irá pensar, mas também ao fato de que, se o segredo for exposto, sabemos que seremos obrigados a nos examinar de um modo que estamos evitando há mais tempo do que conseguimos lembrar.

Não sabemos quais segredos Bill Clinton ocultava de si mesmo, por mais que carreguemos conosco sua autobiografia de 1008 páginas. É provável que ele também ainda não o saiba.

O mesmo aplicava-se a Sílvio, pelo menos no início. Como ele mesmo admitiu, nunca passava muito tempo analisando suas ações. Em vez disso criou, para seus propósitos, uma razão suposta para contratar acompanhantes – tédio – e satisfez-se com essa explicação. Depois, ele seguiu esse caminho sem muitas dúvidas nem *insights*.

Sílvio sabia que guardava um segredo, mas nunca soube que tinha outra camada de segredos ou, pelo menos, nunca teve plena consciência disso. Então, chegou o dia em que voltou para casa depois de uma viagem a Albuquerque e encontrou a esposa sentada à mesa da cozinha, em prantos. O que ela estava fazendo em casa? Por que não estava no trabalho? Por que chorava tanto? Alguém estava doente? Alguém havia morrido?

De repente, Sílvio soube. A visão do que a esposa tinha diante dela na mesa disse-lhe tudo o que precisava saber: as faturas do cartão de crédito para emergências.

O que ele podia dizer? Não tinha nenhuma defesa. A negação é o mecanismo mais acessível e útil para os que guardam segredos e correm o risco de ser expostos. Bill Clinton negou tudo de que foi acusado. Se as palavras forem pronunciadas com firmeza ("Eu não tive relações sexuais com essa mulher"), os outros podem passar a acreditar nelas. Especialmente no caso de uma figura pública como Bill Clinton, a crença nos heróis nos permite manter algumas fantasias. Clinton, como presidente, funcionava como uma figura paterna para os Estados Unidos. "Que tipo de pai aproveitaria a vida de um modo tão espalhafatoso e depois o dissimularia?", perguntavam-se seus correligionários. Não o *meu* pai. Mas Sílvio não tinha a opção de negar. As provas estavam espalhadas diante dele, na mesa.

Lisa estava furiosa, seus olhos faiscavam. Naqueles primeiros momentos, marido e mulher confrontaram-se em silêncio na cozinha. Lisa não disse nada; nem precisava. Então, Sílvio disse simplesmente: "Droga", e sentiu seu coração acelerar-se e seu rosto enrubescer. Nas horas que se seguiram, Lisa chamou-o por todos os palavrões que conseguiu lembrar; ele nunca a ouvira falar daquele modo durante todos os anos em que estavam juntos. Os fatos estavam todos ali, em preto-e-branco: faturas que listavam cada uma das contas. Ele não podia negar que todos os palavrões que Lisa usou para se dirigir a ele eram muito precisos. Sílvio havia enganado a esposa, deliberada, metódica e repetidamente por um período de muitos meses, pagando mulheres para realizar atos lascivos.

Não foi apenas o sexo, contudo, que deixou Lisa horrorizada. Foi a conexão emocional que ele estabeleceu com essas mulheres, ficando nu diante delas e também as vendo nuas. Esse é um tipo de intimidade que existe mesmo no sexo mais anônimo, e Lisa não conseguia perdoá-lo por ter se envolvido nessa intimidade. Dez anos antes, Sílvio e Lisa estiveram em uma colina coberta de flores silvestres, diante de 200 testemunhas e de um sacerdote, e prometeram nunca trair um ao outro. Foi fácil dizer essas palavras e, por toda uma década, foi fácil vivê-las. Agora, Sílvio havia quebrado essa promessa de uma forma ultrajante e merecia todos os palavrões que Lisa quisesse dizer. Se ela quisesse que ele dormisse no sofá por algumas semanas, que assim fosse. Ele sempre pediria perdão. E a compensaria de todos os modos que pudesse.

Não era apenas a traição da intimidade. Era a traição da *confiança* que a enfurecera – e a assustara também. "Quem é você?", ela sussurrara raivosamente para Sílvio. "Quem é você?". Como ela podia saber o que era verdadeiro em sua vida e o que não era? E como ela não havia percebido? Os indícios estavam bem ali, o tempo todo, mas, de algum modo, ela olhou sem ver. Como ela poderia voltar a confiar nele? Como ela poderia voltar a confiar nas pessoas? Como ela poderia voltar a confiar em si mesma – em seu senso do que era e do que não era real?

As acusações eram muitas e proferidas cada vez mais depressa; Sílvio mal conseguia acompanhar a intensidade da raiva que ela sentia. Ela o culpava. Culpava a si mesma. Sílvio quis interrompê-la em diversos momentos, mas não ousou; ele queria dizer-lhe que ela estava sendo dura demais consigo mesma. Ele queria dizer-lhe: *Culpe a mim. Bata em mim, se quiser. Bata em mim, mesmo que não o queira – eu mereço isso. Mereço qualquer punição que você ou outra pessoa queira me infligir. Tenho sido um idiota, um fracassado, uma escória.*

*Mas será que tenho mesmo de parar de encontrar essas mulheres?*

E, enquanto a esposa gritava e chorava, com uma voz furiosa e angustiada, os pensamentos dele vagavam para a mulher com quem estivera na noite anterior. Ela se chamava Geni, como lhe havia dito, e seu cabelo era castanho-claro avermelhado. Ela estava bela e vulnerável ao inclinar a cabeça sobre o colo dele. Ele nunca a veria novamente, nem ninguém como ela. E, quando pensou nisso, sentiu a mesma angústia que a esposa sentia.

Parte de Sílvio ressentia-se pela confusão que Lisa estava fazendo por causa do assunto. Afinal de contas, tudo estava funcionando muito bem enquanto ela não descobrira. O casamento deles era sólido e ele era um marido e pai dedicado. Houve preocupações financeiras por contratar acompanhantes com tanta freqüência, mas Sílvio pensou bem em tudo e se assegurou de que seu salário podia absorver esse custo. E é claro que usava preservativo durante o sexo; ele não queria contrair nenhuma doença. Ela não precisava preocupar-se com isso.

Por que Lisa não encontrou as faturas do cartão de crédito e colocou-as de volta onde estavam? Outras esposas teriam feito exatamente isso. Para começo de conversa, ela nem deveria mexer nos arquivos dele. Por que ela não podia simplesmente aceitar o fato de que, como alguns homens, Sílvio precisava de mulheres em sua vida e em sua cama? Muitas mulheres, de todos os tipos, pois ele era um homem heterossexual no auge da potência. A única coisa que essas acompanhantes tinham em comum era que todas eram pagas e todas eram praticamente anônimas. Ele não tinha um relacionamento verdadeiro com elas além do sexo; ele não pedia que lhe contassem histórias comoventes de sua infância. Elas não estavam interessadas nele. Elas tinham "nomes", mas a maioria era, obviamente, inventada. Provavelmente, essas mulheres não haviam sido batizadas como Valeska nem Geni. Ele não tinha idéia de quem eram de fato e elas não tinham idéia de quem ele era, e era isso que fazia tudo funcionar tão bem.

Mas Lisa mudara isso. Repentinamente, a liberdade, o anonimato e o prazer de Sílvio haviam terminado para sempre.

Qualquer pessoa cujo segredo tenha sido revelado – ou qualquer pessoa que confesse voluntariamente – tem de perguntar-se: "E agora?". Nesse ponto, a fuga ainda é uma opção. A vida secreta, afinal de contas, luta pela própria vida, pela sobrevivência. Sob tal pressão, a pessoa que guarda segredos pode encontrar modos engenhosos de seguir em frente dizendo que o segredo *não é* de fato um segredo, ou que não é um segredo importante, ou que a responsabilidade não é dela. Ou então, essa pessoa pode tentar encontrar um modo criativo de limitar o vazamento potencial e o dano externo.

Algumas pessoas voltam-se para modos novos e aperfeiçoados de negação e atuação. Um estudante universitário que confronte a possibilidade de ser expulso depois de um plágio ter sido descoberto pelas autoridades escolares pode ligar para seus pais e dizer: "Vocês sempre exigiram que eu fosse perfeito. Vocês me *levaram* ao plágio. A culpa é de vocês". Essa racionalização possibilita que a pessoa mantenha uma distância segura daquilo que na verdade motivou o comportamento. Foi por pouco, mas agora o estudante não terá de lidar com seus desejos e impulsos destrutivos inconscientes.

Também ajuda ter alguém à mão que confirme a história, especialmente alguém que tenha um ambiente propício a segredos – alguém que chamamos de "cúmplice". Essa pessoa pode não se dar conta do que sabe, mas mesmo assim agir automaticamente a partir disso. Uma mulher cujo marido gaste todo seu tempo e dinheiro no jóquei clube local pode deixá-lo sozinho no fim de semana, dizendo que está ocupada com vários assuntos. Um homem idoso cuja esposa recentemente descobriu que tem diabetes do tipo 2 pode sempre estar fora da sala nos momentos em que ela vai até a cozinha para comer em segredo os doces proibidos.

Foi isso que aconteceu com Sílvio. Sua esposa nunca lhe perguntava detalhes de suas viagens; desse modo, ela foi cúmplice de seu padrão de infidelidade. Lisa, ao mesmo tempo, "sabia" que havia algo errado, mas também "não sabia". Formavam um par e trabalhavam em conjunto. Se ele parecia amoroso, mas um pouco distante ultimamente, e se sua vida sexual parecia ter se apagado com o tempo, ela o atribuía ao fato de ambos estarem ocupados e de terem atingido uma idade em que o sexo no casamento torna-se menos importante.

O cúmplice também pode estar a par da mentira *conscientemente*. Nesse caso, seu papel é ajudar a manter o segredo. Isso cria uma sensação de poder e de participação em um clube exclusivo. Uma intimidade especial é forjada: *Você e eu somos os únicos na face da Terra a conhecer a verdadeira história*. Mas existe uma outra mensagem aqui, mais sutil: *Além de você, eu sou a única pessoa que conhece a verdadeira história; então, é melhor me tratar bem.* O cúmplice tem uma ameaça na manga e pode ou não usá-la. Mas ela existe e ambos sabem disso.

Muitas pessoas olhavam com suspeita para Hillary Clinton durante o caso Monica Lewinsky, convencidas de que sua reação de ofensa diante da conduta de seu marido havia sido forjada e que ela sabia exatamente o que estava acontecendo. Alguns acreditavam haver um pacto entre Bill e Hillary, como muitas vezes há entre os que guardam segredos e seus cúmplices. Os segredos unem inextricavelmente as pessoas. Essa conexão só poderá ser rompida se o segredo vier à tona. Em alguns casos, isso pode levar uma vida ou mais. Segredos de família – incesto, alcoolismo, doença mental, para citar apenas alguns – são, rotineiramente, passados de uma geração para outra, como se fossem uma saga familiar, sem que ninguém da família os exponha aos temidos olhares externos, e todos são cúmplices tácitos nesse ato de ocultar elaborado.

Algumas vezes, uma vida secreta é exposta quando está de fato *pronta* para morrer e a exposição não é tão infernal. Quando a dor de manter o segredo torna-se maior que a dor de revelar sua existência, a revelação do segredo pode criar uma sensação de liberação. *Agora não preciso mais me preocupar tanto. Acabaram-se todas as mentiras, todas as manobras para acobertá-la.* A exposição de um segredo há muito guardado pode proporcionar uma rápida e intensa catarse, um mergulho em uma piscina gelada depois de viver tempo demais em uma sala abafada. O ciclo de precisar ocultar, mas desejar revelar, de desejar revelar, mas ter de ocultar foi finalmente rompido.

O mergulho na verdade, contudo, é apenas o primeiro passo. *E agora?* continua depois dessa fase, adentrando naquilo que aguarda à frente. Dependendo da coragem da pessoa que guardava o segredo, o futuro pode incluir a revelação, finalmente, dos segredos que eram ocultos de si mesma.

Sílvio, por exemplo, manteve cuidadosamente uma linha divisória entre seu relacionamento com as acompanhantes e todos os outros relacionamentos de sua vida. Agora essa linha fora ultrapassada, criando uma ameaça direta a seu casamento. Mas ainda mais assustadora – e menos visível para ele a princípio – era a possibilidade de uma violação do limite *interno*. Esse limite foi forjado por Sílvio entre seu eu e seu inconsciente, permitindo que ele realmente não "soubesse" por que tinha esses relacionamentos com mulheres nem percebesse todas as conseqüências de seus atos.

Muitas pessoas fazem isso todos os dias, de modo dramático ou sutil. Elas não querem encarar os motivos por trás de seus atos e criam um nível de consciência que paira entre o consciente e o inconsciente: um conveniente estado de percepção subconsciente no qual só precisam encarar aquilo com que podem lidar. Nesse estado intermediário, um homem pode dizer a si mesmo que sua infidelidade crônica é inofensiva. Uma mulher pode encontrar um caroço no seio ao tomar banho, mas não se permitir supor que seja algo, e depois "esquecer" completamente.

Mesmo que a escolha de revelar um segredo ao mundo seja involuntária, o que acontecerá a seguir depende da pessoa que guardava o segredo: ela pode optar por contar uma versão modificada da história ou por contar uma versão mais profunda e mais verdadeira, que certamente terá repercussões internas e externas. O principal modo como alguém pode começar a lidar com a verdade é falando honestamente a respeito. E o lugar mais útil e seguro para fazer isso é o consultório de um terapeuta.

Examinamos diversos exemplos de pessoas em terapia, mas até agora não examinamos o tipo específico de conversa que ocorre nessa situação. A terapia de Sílvio não foi mais típica que a de outras pessoas, mas a experiência dele exemplifica como um participante disposto pode fazer as pazes não só com a vida secreta que ocultava do mundo externo, mas com a vida secreta que inconscientemente ocultava de si mesmo.

Sílvio veio me ver duas semanas depois de Lisa confrontá-lo a respeito das acompanhantes. Ele estava dormindo no sofá da sala desde que ela descobrira as faturas do cartão de crédito. A interação cotidiana entre eles era superficial e, certa manhã, Lisa disse com uma voz formal que o único modo de ela pensar em continuar casada era ele iniciar uma terapia. Sílvio tentou argumentar, dizendo que nunca tinha feito terapia antes e não achava que fosse o tipo de pessoa que seria beneficiada com isso.

"Ótimo", disse Lisa. "Então, mude-se amanhã. Boa sorte em sua nova vida."

Assim, começar a fazer terapia não foi uma escolha. Mas o que faria na terapia – o que iria dizer, confrontar e aprender sobre si mesmo – dependia dele. Quando Sílvio chegou a meu consultório, estava bravo e nervoso. Quando lhe perguntei o que o levara até lá, ele respondeu: "Lisa, minha esposa. É por causa dela que estou aqui. Se não, acredite, eu estaria bem longe". Conversamos sobre o ultimato dela e ele disse que se sentia como um garoto que era mandado para a diretoria. Quando lhe pedi para falar mais sobre essa sensação, Sílvio pareceu surpreso. "Não consigo ver por que isso é relevante", disse ele, e continuou dizendo que supunha que íamos falar sobre seu hábito de contratar acompanhantes e que eu o "colocaria de joelhos", do modo que a Irmã Ana, a diretora da escola católica onde estudara, costumava fazer quando ele era pequeno.

Eu lhe disse que os psicanalistas acreditam que todos os pensamentos que ocorrem a um paciente durante uma sessão são, de algum modo, relevantes e potencialmente úteis; assim, com um pesado suspiro, ele começou a falar um pouco sobre a escola católica e sobre sua família que, segundo ele, era "dirigida" por uma mulher muito diferente da Irmã Ana.

"Diferente como?", perguntei.

"Não sei como, só diferente", respondeu ele, e sua voz traía uma certa irritação, como se tivesse lembrado de repente que estava no consultório de uma terapeuta só porque sua esposa queria que estivesse, e não porque ele pensava haver algo de errado consigo. Sílvio era resistente à terapia porque pensava que isso era para quem gosta de "olhar para o próprio umbigo". Ele admitiu que se ressentia por ter de pagar com dinheiro ganho com trabalho duro simplesmente por "uma conversa interessante".

Mas a terapia não é feita apenas de conversas interessantes. Algumas vezes inclui um diálogo rápido, mas essas sessões não têm mais valor que aquelas que avançam e param, passando por alguns pontos desconfortáveis. Os silêncios no meio de uma sessão de terapia revelam que existe algo subjacente que ainda não pode ser dito. Sílvio e eu chegamos a alguns desses silêncios no início, mas ele sempre insistia que *nada* estava acontecendo e que não tinha nenhum assunto que quisesse abordar.

Conforme as semanas passavam, nós nos vimos várias vezes em posições de impasse.

Certo dia, eu lhe disse: "Tenho a sensação de que você está aqui fisicamente, mas não em espírito. Mesmo agora, não acho que tenha deixado de me ver como uma figura de autoridade que deseja puni-lo".

Ele respondeu calmamente: "Você e Lisa. Até quando ela vai continuar com isso? Essa coisa de mártir está ficando um pouco velha".

Perguntei se achava que Lisa estava exagerando na sua raiva e ele concordou. "Eu já disse que sinto muito", disse com voz um pouco mais alta e rosto um pouco avermelhado. "Já mandei flores, levei as crianças ao parque nos domingos e venho aqui todas as semanas como um bom menino. O que mais ela quer de mim?"

Deixei essa pergunta no ar e novamente houve silêncio, mas dessa vez nós dois o mantivemos. *O que mais ela quer de mim?* Essa era uma pergunta que indicava outra, mais importante: *O que mais eu quero de mim?* E também: *Por que estou realmente neste consultório? Por que precisei tanto daquelas mulheres? Por que estava disposto a arriscar tudo?*

Perguntei: "Você ainda quer ver aquelas mulheres?".

Para sua própria surpresa, Sílvio começou a chorar. Ele colocou o rosto entre as mãos, por um breve instante, e depois olhou para mim. "Não sei por que estou chorando", disse ele. Depois continuou: "Francamente, doutora, não sei por que eu fiz tudo aquilo no ano passado".

Eu gostaria de poder dizer que Sílvio chegou a uma revelação após a outra e isso lhe permitiu ver o que o havia levado a esse caminho estranho, a fazer sexo em camas de hotel com várias mulheres, a dormir no sofá da sala, a sentar-se numa cadeira de consultório psiquiátrico. Mas só nos filmes é que a terapia funciona de modo tão direto e constante. Sílvio ainda estava bravo com o ultimato de Lisa, mesmo que estivesse disposto a tentar salvar o casamento. Nos meses em que foi meu paciente, a raiva dele ligou-se a muitos assuntos. Ao falar sobre mulheres, às vezes era zombador e sarcástico. Ele se referiu a uma colega de trabalho como "a cadela" e, quando questionado a respeito, ficou na defensiva.

Respondeu: "Eu amo as mulheres. Obviamente. Quero dizer, acabei aqui porque as amo demais".

Silêncio novamente. As palavras soaram vazias e ele sabia disso. Alguns segundos depois, Sílvio continuou: "Acho que pagar por sexo não soa como amor".

"Soou assim para você?"

"Ah, o velho truque dos terapeutas que todos comentam", disse ele. "Devolver a pergunta para o paciente. Tudo bem, vou morder a isca. O que sentia com essas acompanhantes, bem, não era amor. Mas eu as tratava bem. Algumas vezes eu as acompanhava até o *lobby* do hotel, tomávamos um drinque no bar e conversávamos um pouco antes de elas irem embora..." A voz dele falhou.

Comentei: "Você parece triste agora".

"Sim, acho que sinto falta delas", disse Sílvio, com a voz apertada. Ele começou a dizer mais alguma coisa, mas interrompeu-se.

Perguntei: "O que você ia dizer?".

"Nada." Mais outro silêncio. E depois: "Não sei, só me lembrei de que, quando era pequeno, minha mãe às vezes ia ao meu quarto para me levar um copo d'água".

Com algum incentivo, Sílvio descreveu a intimidade de estar sentado ao lado de sua bela mãe no quarto escuro. Ele se lembrou de ter se sentido um pouco excitado certa vez enquanto ela estava em seu quarto e, depois, de ter ficado com vergonha de si mesmo. "Quero dizer, fiquei um pouco excitado, enquanto ela lia uma história para mim. Era um pouco doente. Nunca pensei em falar nisso."

Mas eu lhe disse que ficara feliz por ter falado. Ele trouxe isso repetidamente no decorrer da terapia e a história ficou mais detalhada, alimentando outras histórias, outros detalhes e outras lembranças. A mãe de Sílvio era uma mulher muito sensual; muitas vezes vestia-se de modo provocante em casa – supostamente para o prazer de seu marido, mas seus três filhos também moravam na casa. Sílvio lembrava-se de que seu pai às vezes se orgulhava da sensualidade de sua esposa, mas em outras ocasiões ficava repentinamente furioso com ela.

Certa noite, seu pai gritou "Troque de vestido!", quando o casal estava saindo para um jantar, Silvio viu que a mãe havia posto um tomara-que-caia preto. Sílvio disse: "Eu queria dar um soco nele por ser tão cruel. Talvez o vestido fosse um pouco inadequado, não sei. Mas eu gostava que ela tivesse essa aura *sexy*, e sabe de uma coisa? Meu pai também gostava. Como ela podia adivinhar quando ele ia dizer 'Gosto disso', e quando ia chamá-la de 'vagabunda'?".

A palavra ficou ressoando no ar: *vagabunda*.

"Ele nunca usou essa palavra. Eu não quis dizer isso", foi o comentário de Sílvio.

Mas é claro que quisera. Conforme continuamos a conversar, Sílvio falou que, quando criança, ele muitas vezes se sentia confuso com as imagens da mãe, que pareciam mudar com tanta facilidade dependendo do que ela vestia e de como o pai reagia às mudanças. Algumas vezes, ela era uma "deusa" aos olhos do pai de Sílvio; outras vezes, ele a menosprezava, dizendo que ela "se vestia como uma prostituta"; e então ela corria chorando para seu quarto. Sílvio ouvia seus soluços e batia na porta, pedindo que ela o deixasse entrar, mas ela nunca deixara: "Vá embora, Sílvio. Você não pode me ajudar".

Certa vez, ele respondeu: "Posso sim! Vou buscar biscoitos". Ele correu para a cozinha e colocou alguns biscoitos em um prato, esperando que eles fizessem a mãe sentir-se melhor. Mas é claro que não fizeram. Os biscoitos nem foram tocados e a mãe retraiu-se, sentada sozinha, sem maquiagem, usando um roupão de banho desleixado, remendando as meias dos garotos ou fazendo uma lista de compras. Sílvio tentava falar com ela, contar piadas, fazê-la interessar-se por algo, mas ela estava quieta e distante. Ela só perguntava: "Fez a lição de casa?" ou dizia: "Vá para seu quarto e faça a mala para a excursão de amanhã". Nesses momentos ela parecia uma esposa dócil e submissa dos anos 1950, e não a mulher livre dos anos 1970 que ele vira pouco tempo antes. Todos os traços de seu lado sexual haviam desaparecido, mas voltavam alguns dias depois, quando ela se vestia com roupas *sexy* para uma noitada. E todo o ciclo recomeçava incessantemente.

"Eu não sabia o que pensar dela", disse ele calmamente em meu consultório certa tarde. "Minha visão dela mudava drasticamente. Ou ela era *sexy* e livre, ou conservadora e retraída." Conforme conversávamos sobre essas experiências precoces com a mãe, Sílvio percebeu que, mesmo agora, décadas depois, ele ainda era um menininho batendo na porta do quarto; ele ainda precisava encontrar um modo de dividir as duas imagens de mulheres: "boa" e "má". Isso não fora possível com a imagem de sua esposa, que ele sempre considerara como conservadora e "boa"; na verdade, era isso que a princípio o havia atraído nela. Uma "boa" esposa permitia que ele lidasse com sua ambivalência diante das mulheres. Lisa satisfazia a necessidade de uma "boa" mulher, uma figura "materna", mas suas outras necessidades de uma mulher "sexualizada" e "má" ficaram insatisfeitas por longo tempo.

Na terapia, Sílvio encarou sua ambivalência diante das mulheres e reconheceu que havia fragmentado seus sentimentos para com elas. A fragmentação pareceu, por algum tempo, permitir-lhe ter tudo de que precisava: uma figura materna amorosa em alguns momentos e uma parceira sexualmente aventureira em outros. A cisão era um eco perfeito de sua visão confusa e cindida da mãe quando era um menino pequeno. Conforme Sílvio explorou essas questões, ficou pensando se poderia ser mais direto com Lisa e descobrir se ela estava disposta a experimentar um pouco mais na cama. Ele nunca lhe havia dado nenhuma pista de que isso era o que o excitava; nunca havia ousado perguntar-lhe se estava disposta a experimentar coisas novas. Agora ele se dava conta de que nunca havia lhe perguntado porque tinha medo de que, se o fizesse, seu papel como a figura "boa" seria atenuado e ele ficaria sem alguém confortador e maternal. Eles logo iniciaram terapia de casal: a questão não era descobrir se Lisa podia satisfazer aos desejos de Sílvio, mas ver se ambos podiam encontrar maneiras de satisfazer um ao outro.

As ações de Sílvio haviam ameaçado seu casamento, mas sua cegueira feroz diante de seus desejos também havia sido uma ameaça. Essa cegueira possibilitou que ele guardasse seus segredos e, por sua vez, esses segredos ficaram mais potentes. O que era maligno criou metástases. Mas, quando os segredos do eu foram expostos à luz e examinados sem condenação, perderam muito de sua força. O grande e poderoso Oz transformou-se simplesmente no homem por trás da cortina. Mas ele *devia* receber atenção. Sílvio disse que sua vida secreta fora quase um acidente: ele estava "entediado" e por isso assistira a um filme pornô. E depois o pornô já não o satisfizera e ele precisara de algo mais forte. Uma coisa levara à outra e logo Sílvio estava dando o número de seu cartão de crédito ao telefone, noite após noite, e abrindo a porta do quarto do hotel para receber a próxima mulher que aguardava.

As primeiras impressões que ele tivera de sua mãe e de seu pai, e os modos em que processara essas idéias, com o tempo, criaram um modelo para seu eu adulto ver as mulheres. Como resultado, ele atuava compulsivamente sobre suas fantasias intensas, mas estáticas, repetidamente. A terapia levou-o a examinar as fantasias sem vacilar tanto e, finalmente, soltou-as dos pontos em que estavam presas. O que fez com que a terapia funcionasse – o que faz *qualquer* terapia funcionar – foi a motivação para mudar. Talvez você conheça a piada: "Quantos psiquiatras são necessários para trocar uma lâmpada? Nenhum. A lâmpada precisa *querer* ser trocada".

Uma vez em terapia, quem guarda um segredo precisa manter abertas simultaneamente duas "janelas" metafóricas. A primeira é a janela emocional, aquela pela qual o paciente descreve e experimenta os sentimentos intensos associados ao comportamento secreto. Olhando para sua vida através dessa janela, Sílvio me contou tudo sobre o prazer do sexo com prostitutas. Ele o descreveu detalhadamente, recontando os momentos de conquista e a paz profunda e fácil que sentia depois do clímax. A pessoa que guarda o segredo precisa ser capaz de descrever as sensações de suas ações, momento a momento, e também contar ao terapeuta quais memórias são desencadeadas e quais emoções são evocadas do passado. Idealmente, ao olhar por essa janela, a pessoa que guarda o segredo irá identificar alguns sentimentos do passado distante que foram reprimidos e acabaram por levar aos sentimentos e comportamentos "copiados" que tiveram de ser guardados em segredo para poder ser mantidos. Essa é a janela para o passado, sem cortes nem edições, e certamente é pouco elogiosa.

Felizmente, há também uma segunda janela. Esta é a janela intelectual, aquela que torna possível ao paciente agir quase como um antropólogo de campo, observando comportamentos. O que esse homem está fazendo com essa mulher? Com que freqüência ele o faz? *Por que* ele o faz? E se ele não o fizesse mais? E, enquanto faz essas perguntas, permanece surpreendentemente intocado por todo comportamento sombrio, imprevisível e com freqüência sexual que está observando. Ele simplesmente se senta ali observando, fazendo anotações e às vezes diz algo como: "Nossa, é bem interessante o que aconteceu comigo no passado e é igualmente interessante que eu me comporte desse modo agora. Estou começando a ver como minhas primeiras experiências me levaram a tais extremos e a arriscar tantas coisas que são importantes para mim".

Sílvio fez exatamente isso ao recontar suas primeiras sensações de excitação erótica na presença de sua mãe e a raiva que ele sentiu pelo modo como o pai a menosprezava. Logo ele conseguiu ligar esses momentos da infância com os eventos recentes da idade adulta. Para manter essas duas janelas abertas, o paciente precisa de muita determinação e desespero, e o terapeuta precisa fornecer muita orientação. A boa terapia ajuda a pessoa a mover-se alternadamente entre essas duas visões do eu, passando de uma para a outra para poder experimentar e observar, experimentar e observar, e finalmente começar a fazer inferências de tudo que está revivendo e observando.

Quando Sílvio iniciou a terapia, ele afirmou que queria salvar seu casamento, mas isso era apenas retórica. Salvar o casamento exigia que ele analisasse seu comportamento e ele era incapaz de fazer isso de qualquer modo significativo até o dia em que caiu em prantos no meu consultório. Aquela sessão deu-lhe o primeiro vislumbre de luz. Foi só então que ele pôde ir além de palavras vazias. As janelas abriram-se.

Embora a terapia seja um dos poucos caminhos para resolução depois de uma vida altamente secreta ter sido exposta, nem todos conseguem percorrê-lo. O sucesso ou o fracasso depende da gravidade dos segredos da pessoa e também da quantidade de dor envolvida e da pressão a que está submetida para lidar com a situação. Também depende dos recursos internos da pessoa. O psiquiatra tem de avaliar se o senso básico de eu da pessoa está fundamentalmente intacto. Se ele parece estar íntegro, em vez de fragmentado ou desorganizado, a pessoa provavelmente poderá tolerar o trabalho profundo e às vezes traumático da terapia.

T. E. Lawrence provavelmente não seria capaz de suportar tal terapia nem seria beneficiado por ela. Sua necessidade de ser chicoteado e espancado como um modo de obter gratificação ou mesmo sua insistência de que havia sido chicoteado por um policial sádico em Deraa indicam uma patologia muito profunda e intratável. De um modo visual, a vida idealmente deveria ser como um filme, cheia de muitos tipos de imagem para excitar a mente e os sentidos. Embora, na verdade, a vida externa de Lawrence tenha sido tão elaborada a ponto de se transformar em um filme de Hollywood, sua vida interior pode muito bem ter sido semelhante a um show de *slides* em que só havia um *slide* no carrossel: a imagem daquele chicote. A natureza estática do sadomasoquismo e o fato de que este era um substituto para as relações sexuais humanas e mútuas sugerem que T. E. Lawrence teria sido resistente a qualquer tipo de terapia, independentemente do quanto sofresse, e teria corrido o risco de despedaçar-se emocionalmente ao ser confrontado. Batalha, calor do deserto, brutalidade, derramamento de sangue: tudo isso era tolerável para o mundialmente famoso Lawrence da Arábia. Mas confrontar certas verdades sobre si mesmo – as insondáveis profundezas de sua ira diante de sua mãe abusiva, talvez – estava fora de questão.

Pyotr Tchaikovsky também não teria sido ajudado pela terapia, mas por uma razão diferente. Os problemas do compositor não eram causados por nenhuma patologia própria: ele era um homem produtivo e brilhante que encontrava prazer e paixão na música, que sabia sentir-se atraído por homens e que agia segundo seus desejos. Embora sentisse vergonha, depreciasse sua sexualidade e aconselhasse seu irmão mais novo, também homossexual, a se casar, essas reações eram um reflexo da hostilidade livremente expressa para com os homossexuais, que era prevalente na sociedade russa do século XIX. Por que um homossexual *não sentiria* que merecia morrer ou ser banido para a Sibéria? Afinal de contas, todos diziam que merecia. A tragédia da história de Tchaikovsky e de muitos outros se encontra na impotência do indivíduo para mudar ou superar forças externas.

Mas, quando as forças que guiam uma pessoa são internas e parecem estar ao alcance, o movimento é possível. Do mesmo modo que Daiane, a mulher de meia-idade que fora presa por furto em lojas, Sílvio estava emocionalmente intacto, era inteligente e constituía um candidato razoável para a terapia. Quando pensou sobre o que havia feito, concordou que algo além de tédio tinha de estar por trás de seu envolvimento com prostitutas. E então ele também entendeu que, para o bem de sua esposa, de seus filhos e dele próprio, precisava tentar descobrir o que era.

A vida secreta da maioria das pessoas não é tão extrema quanto a de algumas personagens dessas histórias. Maridos traem, mas em geral de modo não tão sistemático e caro como o de Sílvio. Os assassinos em série são raros, a homossexualidade passou a ser mais aceita em muitas regiões dos Estados Unidos, Canadá e Europa, e atualmente existem grupos de apoio para quase toda dependência imaginável. Quase todas as vidas secretas também não são tão escandalosas como teriam sido nos séculos passados, embora a sociedade ainda tenha um prazer especial em punir os que guardam segredos, ao estilo de Hester Prynne, personagem do livro *A Letra Escarlate* (publicado no Brasil por várias editoras).

Cada vez mais, os segredos que causam mais problemas às pessoas tendem a ser aqueles que permanecem ocultos nas profundezas do inconsciente, onde florescem e fazem com que aqueles que os abrigam atuem em vez de compreender. Muitas vezes, segue-se a destruição, na qual a pessoa que guarda o segredo encontra-se no epicentro do "terremoto" e olha ao redor estupefata, perguntando-se: "Como isso pôde acontecer comigo?".

Mas nem sempre é assim. Embora os perigos dos conflitos não resolvidos e sua relação com os segredos tenham sido detalhados nas histórias contadas nos capítulos anteriores, muitas vidas secretas são normais e até mesmo saudáveis. E a maioria dos segredos, mesmo quando revelada, não requer terapia. Uma mulher pode gostar de espancar o parceiro de vez em quando durante o sexo; esse é um segredo que ela pode não querer revelar, mas que lhe traz um tipo de prazer particular que revigora sua vida sexual de tempos em tempos e nunca a domina nem a transforma. Uma queda não declarada por alguém também pode ser um segredo saudável e útil, especialmente pelo fato de que fantasia não equivale a ação. Uma queda também é diferente de uma obsessão e muitas vezes pode ser incorporada em um repertório de vários pensamentos eróticos que flutuam pela mente cotidianamente, de dia ou de noite. Algumas vezes, um segredo do tipo não destrutivo pode ser simplesmente uma informação que alguém prefere não contar por razões pessoais. Uma mulher pode não contar a seu marido que, muito tempo atrás, antes de conhecê-lo, fez um aborto. Essa reticência, embora associada a sentimentos conflitantes, é uma opção dela. O segredo pode permanecer secreto, mas não doentio, enquanto ela não for assolada por dúvidas sobre suas ações passadas.

Lembra-se da mulher tagarelando na sala de espera do médico? Talvez *seu* segredo não seja que ela está morrendo, mas simplesmente que fica nervosa perto de médicos.

E o homem na esteira da academia? Talvez o segredo dele seja simplesmente que vai pedir a namorada em casamento nesta noite.

E o marido que se vira para você na cama? Talvez seu único segredo seja que ele sentiu sua falta o dia inteiro e mal podia esperar que você chegasse em casa.

A vida das pessoas está repleta de desejos, necessidades e fantasias mantidos em segredo. O que os segredos saudáveis podem *fazer*, na melhor das hipóteses, é permitir que as pessoas mantenham partes de si mesmas fora do alcance do resto do mundo. Os segredos podem criar uma clareira pequena, mas necessária, em meio a uma densa floresta, um espaço para ser criativo e (paradoxalmente) honesto, pelo menos consigo mesmo. Os segredos tornam as pessoas conscientes do que lhes é mais precioso, e permitem que elas avaliem a própria vida de modos que, de outra forma, não estariam acessíveis. Sílvio pôde confrontar os diversos conflitos de seu passado, e o mesmo aconteceu com Daiane, a ladra de lojas e, como resultado, eles sobreviveram às crises que enfrentaram como resultado direto da força de seus segredos, e a vida assumiu um novo significado para eles.

Assim, no final, a vida secreta vale realmente a ansiedade e o custo emocional de sua manutenção? Algumas pessoas que guardaram segredos sem dúvida o fariam novamente, exatamente do mesmo modo, se tivessem outra chance, mas aquelas que usaram o trauma da exposição como um modo de alcançar a autenticidade poderiam dizer simplesmente que os segredos são apenas um abrigo temporário contra a tempestade da autoconsciência. E poderiam concluir que uma vida investigada – e sincera – é a única que vale a pena.

# Apêndice A

## Alguns sinais de que alguém que você conhece leva uma vida secreta

Nem sempre é possível ter certeza de que alguém que você conhece está levando uma vida secreta, mas as pessoas que têm algo a esconder muitas vezes exibem algumas das características relacionadas abaixo:

- Parece irritável.
- Age de modo nervoso.
- Reage com pavio curto diante de coisas pequenas.
- Parece perturbado sem motivo.
- Parece preocupado e distante quando você está com ele.
- Age de maneira suspeita, secreta ou enganosa.
- Passa muito tempo no telefone, no banheiro ou longe da família e dos amigos.
- Responde "não é nada" se perguntado sobre seu comportamento incomum.
- Comporta-se de modo imprevisível.
- É incapaz de explicar contas ou dinheiro desaparecido.

# APÊNDICE B

## SINAIS DE QUE VOCÊ ESTÁ ESCONDENDO UMA VIDA SECRETA DE SI MESMO

Neste momento, você talvez nem perceba que está ocultando uma vida secreta de si mesmo. Talvez esteja ocorrendo algo que é vergonhoso demais para que você admita para si mesmo e, por isso, o afasta. Procure algum destes comportamentos que constituem sinais de que você pode estar ocultando um segredo de si mesmo:

- Sentir-se cada vez mais ansioso sem conseguir identificar o motivo.
- Sentir-se deprimido ou triste sem conseguir identificar o motivo.
- Ter rompantes de raiva ou ataques repentinos de fúria diante de coisas insignificantes.
- Repetir um comportamento como roer unhas, beber ou fumar, incessantemente.
- Sentir-se exausto sem motivo.
- Ter problemas físicos sem explicação médica – dor de cabeça, dor de estômago, dor nas costas, problemas intestinais.

# BIBLIOGRAFIA

BENTLEY, Toni. *The Surrender*. New York: HarperCollins Publishers, 2004. (Em português, *A Entrega: Memórias Eróticas*. Rio de Janeiro: Objetiva, 2005.)

CAREY, Benedict. The Secret Lives of Just About Everybody. *New York Times*, 11 jan. 2005.

CHEEVER, Susan. *My Name Is Bill: Bill Wilson: His Life and the Creation of Alcoholic Anonymous*. New York: Simon & Schuster, 2004.

FREUD, Sigmund. *The Standard Edition of the Complete Psychological Works by Sigmund Freud*. Traduzido sob a editoria geral de James Strachey, em colaboração com Anna Freud, auxiliado por Alix Strachey e Alan Tyson. London: The Hogarth Press e o Institute of Psycho-Analysis, 1953-66.

FROMKIN, David. The Importance of T. E. Lawrence. *The New Criterion*, set. 1991.

GRAFMAN, J. et alii. Frontal Lobe Injuries, Violence, and Aggression: A Report of the Vietnam Head Injury Study. *Neurology*. 1996, p. 1231-8.

GROSS, Alfred. The Secret. *Bulletin of the Menninger Clinic*. 1951, p. 37-44.

HEREK, Gregory J. Gay People and Government Security Clearances: A Social Science Perspective. *American Psychologist.* 1990, p. 1035-42.

JACOBS, Theodore J. Secrets, Alliances, and Family Fictions: Some Psychoanalytic Observations. *Journal of the American Psychoanalytic Association.* 1980, p. 21-42.

KAPLAN, Louise. *Female Perversions: The Temptations of Emma Bovary.* New York: Doubleday, 1992.

KELLY, Anita E. & McKillop, Kevin J. Consequences of Revealing Personal Secrets. *Psychological Bulletin.* 1996, p. 450-65.

KERNBERG, Otto F. Sadomasochism, Sexual Excitement, and Perversion. *Journal of the American Psychoanalytic Association.* 1991, p. 333-62.

LANDLER, Mark. A Newspaper Reports Lindbergh Fathered 3 Children in Germany. *New York Times,* 2 ago. 2003.

LANE, Julie D. & WEGNER, Daniel M. The Cognitive Consequences of Secrecy. *Journal of Personality and Social Psychology.* 1995, p. 237-53.

LAPETER, Leonora. Some 70 Years After the Quiet Start of Alcoholics Anonymous, Its Basic Formula Is Applied Generously, with a Few Twists. *St. Petersburg Times,* 15 mar. 2004.

LAST, Uriel & AHARONI-ETZIONI, Ahuva. Secrets and Reasons for Secrecy Among School-Aged Children: Developmental Trends and Gender Differences. *Journal of Genetic Psychology.* 1995, p. 191-203.

LAWRENCE, T. E. *Seven Pillars of Wisdom: A Triumph.* Garden City, N.Y.: Doubleday, 1938. Em português, *Os Sete Pilares da Sabedoria*. Rio de Janeiro. Record, 2000.)

LAWRENCE, T.E. *Encyclopedia Britannica.* Encyclopedia Britannica On-line. Disponível em: <http://search.eb.com/eb/article-9047425>.

LINDBERGH, Charles A. *Encyclopedia Britannica.* Encyclopedia Britannica On-line. Disponível em: <http://search.eb.com/eb/article-9048352>.

LINDBERGH'S Double Life. DW-World.de. Disponível em: <http://www.dwworld.de/dw/article/0,1564,1620936_0,00.html>.

MARGOLIS, Gerald J. Secrecy and Identity. *International Journal of Psychoanalysis.* 1966, p. 517-22.

________. The Psychology of Keeping Secrets. *International Review of Psychoanalysis.* 1974, p. 291-96.

MEARES, Russell & ORLAY, Wendy. On Self-boundary: A Study of the Development of the Concept of Secrecy. *British Journal of Medical Psychology.* 1988, p. 305-16.

NABOKOV, Vladimir Vladimirovitch. *Lolita.* New York: Alfred A. Knopf, 1992. (Publicado em português por várias editoras.)

NIDA (National Institute on Drug Abuse) InfoFacts: Science-Based Facts on Drug Abuse and Addiction. Disponível em: <http://www.nida.nih.gov/Infofacts/>.

NORTON, Rictor. Gay Love-Letters from Tchaikovsky to His Nephew Bob Davidof. *The Great Queens of History.* Disponível em: <http://www.infopt.demon.co.uk/tchaikov.htm>.

ORNSTEIN, Anna; GROPPER, Cheryl; BOGNER, Janice Z. Shoplifting. *Annual of Psychoanalysis.* 1983, p. 311-31.

PICKERT, Kate. Stepdaddy's Little Girl. *New York,* 11 abr. 2005.

RAGINS, Belle Rose & CORNWELL, John M. Pink Triangles: Antecedents and Consequences of Perceveid Workplace Discrimination Against Gay and Lesbian Employees. *Journal of Applied Psychology.* 2001, p. 1244-61.

RESEARCHERS Shed Light on Gambling and the Brain. Disponível em: <http://www.sciencedaily.com/releases/2001/05/01052406 2100.htm>.

SULZBERGER, Carl Fulton. Why It Is Hard to Keep Secrets. *Psychoanalysis*. 1953, p. 37-43.

TCHAIKOVSKY, Pyotr Ilyich. *Encyclopedia Britannica*. Encyclopedia Britannica On-line. Disponível em: <http://search.eb.com/eb/article-9071483>.

WEEKEND Solo Hero. *Irish Times*, 24 out. 1998.

WEGNER, Daniel M.; LANE, Julie D.; DIMITRI, Sara. The Allure of Secret Relationships. *Journal of Personality and Social Psychology*. 1994, p. 287-300.

WOOLCOTT, Philip Jr. Addiction: Clinical and Theoretical Considerations. *Annual of Psychoanalysis*. 1981, p. 189-204.